Marten Lensch
Die drei Detektive
und andere ungewöhnliche Krippenspiele

Marten Lensch

# Die drei Detektive

und andere ungewöhnliche Krippenspiele

**neukirchener verlag**

Die einzelnen Rollen befinden sich auch auf der in diesem Buch enthaltenen CD-ROM. Mit dem Kauf des Buches erwerben Sie die nichtkommerziellen Aufführungsrechte. Die kommerzielle Weiterverwertung oder Verbreitung der Texte ist nicht gestattet.

Bibliografische Information der Deutschen Nationalbibliothek:
Die Deutsche Nationalbibliothek verzeichnet diese Publikation in der Deutschen Nationalbibliografie; detaillierte bibliografische Daten sind im Internet über http://dnb.d-nb.de abrufbar.

© 2018 Neukirchener Verlagsgesellschaft mbH, Neukirchen-Vluyn
Alle Rechte vorbehalten
Umschlaggestaltung: Grafikbüro Sonnhüter, www.sonnhueter, unter Verwendung eines Bildes von © AlohaHawai, AboutLife, Four-leaf (shutterstock.com)
Lektorat: Rahel Dyck, Bonn
DTP: Breklumer Print-Service, www.breklumer-print-service.com
Verwendete Schrift: Chapparal Pro, Myriad Pro
Gesamtherstellung: Finidr, s.r.o.
Printed in Czech Republic
ISBN 978-3-7615-6545-2

www.neukirchener-verlage.de

# Inhalt

Vorwort ................................................... 9

Einleitende Hinweise ....................................... 11

1. Aufregung im Himmel.................................. 15
   Einführung ............................................ 15
   Materialliste und technische Hinweise ................. 16
   Das Stück ............................................. 18
   Predigt ............................................... 30

2. Weihnachten durch Raum und Zeit .................... 33
   Einführung ............................................ 33
   Materialliste und technische Hinweise ................. 34
   Das Stück............................................. 36
   Predigt ............................................... 50

3. Weihnachtlicher Tier-Geheimbund (TGB) .............. 53
   Einführung ............................................ 53
   Materialliste und technische Hinweise ................. 55
   Das Stück ............................................. 56
   Predigt ............................................... 71

4. Hirten in der Heiligen Nacht ......................... 75
   Einführung ............................................ 75
   Materialliste und technische Hinweise ................. 76

| | |
|---|---|
| Das Stück | 77 |
| Predigt | 86 |

**5. Detektiv-Büro „Drei Könige"** ... 89
    Einführung ... 89
    Materialliste und technische Hinweise ... 91
    Das Stück ... 92
    Predigt ... 102

**6. Nachrichten aus Bethlehem** ... 105
    Einführung ... 105
    Materialliste und technische Hinweise ... 107
    Das Stück ... 108
    Predigt ... 125

**7. Engelsschule** ... 127
    Einführung ... 127
    Materialliste und technische Hinweise ... 129
    Das Stück ... 130
    Predigt ... 150

**8. Urlaub mit „Bethlehem Tours"** ... 153
    Einführung ... 153
    Materialliste und technische Hinweise ... 154
    Das Stück ... 156
    Predigt ... 173

**9. BSGS – Bethlehem Sucht den GottesSohn** ... 175
    Einführung ... 175
    Materialliste und technische Hinweise ... 176
    Das Stück ... 178
    Predigt ... 192

**10. Das Wettrennen** .................................... 195
    Einführung ............................................. 195
    Materialliste und technische Hinweise ................ 197
    Das Stück ............................................. 199
    Predigt ............................................... 216

**11. Der Morgen danach** ................................ 219
    Einführung ............................................. 219
    Materialliste und technische Hinweise ................ 220
    Das Stück ............................................. 222
    Predigt ............................................... 231

**12. Der zehnte Geburtstag** ............................ 233
    Einführung ............................................. 233
    Materialliste und technische Hinweise ................ 234
    Das Stück ............................................. 236
    Predigt ............................................... 250

# Vorwort

Heiligabend, nachmittags: Das Weihnachtsfest beginnt mit einem Gottesdienst mit Krippenspiel. Die Botschaft ist jedes Jahr gleich: Gott wird Mensch – Jesus wird geboren – Gottes Liebe kommt in diese Welt. Eine wunderbare Botschaft!

Aus der Bibel erfahren wir von Engeln und Hirten, von Maria und Josef, von drei Weisen, von Augustus und Herodes und davon, dass kein Platz mehr in der Herberge war. Dieser biblische Kern kommt in jedem Krippenspiel vor.

Vieles berichtet die Bibel jedoch nicht: Welche Rolle spielten eigentlich die Tiere? Warum gab es keinen Raum in der Herberge? Was passierte mit den Schafen, als sich die Hirten auf den Weg nach Bethlehem machten? Wer war für den leuchtenden Stern verantwortlich? Und viele Fragen mehr …

Diesen und weiteren Fragen gehen die Krippenspiele in diesem Buch nach. Die Antworten sind hin und wieder überraschend und laden zum Nachdenken und auch zum Lachen ein. Sie erfahren, wie im Himmel die Vorbereitungen für Weihnachten akribisch geplant werden und wie ein geheimer Tierbund seine Finger bzw. Hufe mit im Spiel hat. Die drei Weisen aus dem Morgenland entpuppen sich als Detektive. Eine Live-Fernsehsendung verfolgt die Weihnachtsereignisse und zwei Kinder aus der Zukunft versuchen, die Weihnachtsbotschaft zu erforschen. Schließlich wird uns sogar ein Blick auf Jesu Geburtstagsfeier am zehnten Geburtstag gewährt.

Ich wünsche Ihnen Freude mit diesem Buch und noch viel mehr Freude mit den Kindern beim Einüben eines Krippenspiels. Es ist einfach die beste Nachricht, die die Engel den Hirten auf dem Felde und die wir den Gottesdienstbesuchern verkündigen dürfen!

# Einleitende Hinweise

Die reine „Aufführdauer" der Krippenspiele liegt ungefähr zwischen 15 und 25 Minuten. Die Krippenspiele sind alle in der Kirchengemeinde Norddeich in Ostfriesland aufgeführt worden und somit praxiserprobt. Gelegentliches Lokalkolorit können Sie jeweils der eigenen Gemeinde anpassen.

Jedem Krippenspiel geht ein zusammenfassender Text voraus, der den Krippenspielkindern vorgelesen werden kann, damit sie vor Probenbeginn einen Überblick über die Handlung bekommen.

Für jedes Krippenspiel finden Sie im Buch eine Beispielpredigt. Die Aufführung des Krippenspiels wird von Gemeindegesang unterbrochen. Da erfahrungsgemäß in den Familiengottesdiensten nur noch wenige Weihnachtslieder bekannt sind und mitgesungen werden, reduziert sich die Liedauswahl auf die gängigen Klassiker wie „Ihr Kinderlein kommet" oder „Vom Himmel hoch". Je nach Gemeindetradition kann noch die Lesung der Weihnachtsgeschichte nach Lukas 2 in die Liturgie eingefügt werden. Die Predigten haben jeweils eine Länge von fünf bis sieben Minuten und können gerne der eigenen Situation angepasst verwendet werden.

Auf der Materialliste finden Sie eine Auflistung der benötigten Materialien für das jeweilige Krippenspiel und Hinweise auf spezielle technische Besonderheiten.

Weitere technische Hinweise zu den einzelnen Krippenspielen finden Sie auf der CD.

**Alter der Schauspieler und Rollengröße:** An den Krippenspielen können Kinder vom Grundschulalter bis ungefähr zum siebten Schuljahr teilnehmen. Dabei gibt es große Rollen (über 300 Worte), mittlere und kleine Rollen (unter 150 Worte), die teilweise nur aus ein oder zwei Sätzen bestehen. Für die großen Rollen finden sich in der Regel Kinder der weiterführenden Schulen, für die mittleren Rollen ältere und für die kleinen Rollen jüngere Grundschulkinder. Auch Kinder im Kindergartenalter können z.B. als „Begleit-Engel" oder als Schafe eingesetzt werden.

**Proben:** Es hat sich bewährt, mit den wöchentlichen einstündigen Proben Ende September zu beginnen. In der Regel können die Kinder ab Anfang Dezember ihre Texte auswendig, sodass in den letzten Proben noch an Mimik und Gestik gefeilt werden und das Bewegen mit Kostümen sowie der Umgang mit Mikrofonen geübt werden kann.

**Bühnenbild:** Um verschiedene Spielebenen wie Himmel und Erde oder Gegenwart und Vergangenheit besser darzustellen, kann es sinnvoll sein, einzelne Szenen auf erhöhten Bühnen spielen zu lassen. Oft sind Schulen bereit, ihre Bühnenpodeste über die Weihnachtsferien auszuleihen.
Für die Gestaltung des Bühnenbildes und auch der Kostüme finden sich oft handwerklich geschickte Menschen aus der Gemeinde oder Eltern der Krippenspielkinder. Zur Grundausstattung eines Krippenspiels gehören immer eine Krippe mit einer Jesus-Puppe, ein schaltbarer Stern, der über der Krippe angebracht ist, und ein oder mehrere Wirtshäuser.

**Material auf der CD:** Auf der beiliegenden CD finden Sie einige Materialien, die für die Gestaltung eines Krippenspielgottesdienstes hilfreich sein können:

- *Krippenspieltext:* Diesen können Sie bearbeiten (z.B. auf die Anzahl der Kinder anpassen) und dann ausdrucken.
- *Materialien zum Ausdrucken:* Einige Materialien, die beim Krippenspiel benötigt werden, sind hier verfügbar.
- *Laufwege:* In den Krippenspielen bewegen sich die Figuren während der Spielszenen an unterschiedliche Orte. Damit besser vorstellbar ist, welche Szenen an welchem Ort spielen, finden sich auf der CD beispielhaft für die Norddeicher Kirche die verschiedenen Laufwege der einzelnen Figuren. Diese können an die räumlichen Gegebenheiten der eigenen Kirche angepasst werden.
- *Liturgievorschlag und Beispielpredigt:* Diese können Sie direkt verwenden oder so verändern, dass sie für Ihren Krippenspielgottesdienst passen.

# 1. Aufregung im Himmel

### Einführung

Im Himmel herrscht große Aufregung: Die Geburt Jesu soll organisiert werden. Die AOG, die „Abteilung zur Organisation von Großveranstaltungen", ist mit der Vorbereitung beauftragt. Der Leiter der Abteilung, Engel Samuel, den alle nur EVD – also „Engel vom Dienst" – nennen, steht total unter Strom.

In diese Abteilung wird Engel Michael versetzt und erfährt direkt, wie Samuel sich die Geburt Jesu vorstellt: Da Gott selbst Mensch wird, soll alles sehr prächtig werden. Ein Palast soll gebaut werden. Kaiser und Könige sollen zu Besuch kommen. Ein Marsch soll komponiert werden und so weiter. Erst als Michael Samuel darauf hinweist, dass Herodes ein böser König ist und dass doch schon lange angekündigt sei, dass das Kind in Bethlehem geboren werden würde, gerät Samuel in leichte Panik: Er weiß nicht, wie er Maria und Josef nach Bethlehem bekommen soll. Da hat Michael die rettende Idee: Er schlägt vor, Kaiser Augustus zu überreden, eine Volkszählung durchzuführen. So wären Maria und Josef gezwungen, nach Bethlehem zu reisen.

Also überzeugt Engel Gabriel Augustus von der Idee der Volkszählung. Samuel ist beruhigt, dass diese Planänderung funktioniert hat. Er möchte eine Kutsche für Maria und Josef nach Nazareth schicken und einen Palast in Bethlehem bauen lassen. Aber Maria und Josef haben sich schon zu Fuß auf den Weg gemacht und die Zeit reicht nur noch aus, um einen kleinen Stall zu bauen. Samuel ist verzweifelt.

Maria und Josef kommen inzwischen in Betlehem an, doch hier sind alle Zimmer belegt. Ein Wirt bietet ihnen einen Platz in seinem Stall an. Hier richten sich Maria und Josef ein und bekommen ihr Kind, was vom Himmel aus beobachtet wird.

Nun hofft Samuel, dass zumindest die Ehrengäste, die Kapelle und die Wach-Engel noch rechtzeitig zum Stall kommen können. Doch auch daraus wird nichts: Die Ehrengäste hatten eine Einladung nach Jerusalem erhalten und sind dorthin gereist. Die Wach-Engel sind ebenfalls verhindert. Auch hier hilft Michael: Er schlägt vor, selbst ein Lied zu singen, das er in seiner alten Abteilung gedichtet hat: das Lied „Vom Himmel hoch".

Auch die Frage nach den Gästen klärt sich nahezu von selbst. Es haben sich drei Menschen (drei Weise) mit Geschenken auf den Weg gemacht. Außerdem haben die Engel Hirten ausfindig gemacht, die sie zur Krippe schicken.

Auf dem Weg zum Stall treffen die Hirten und die drei Weisen aufeinander. Sie setzten gemeinsam ihren Weg zum Stall fort. Josef bittet sie freundlich herein.

Am Ende freut Samuel sich, dass doch noch alles gut gegangen ist, obwohl alle seine Pläne über den Haufen geworfen wurden. Er bedankt sich mit einer Durchsage bei den Engeln für ihre Arbeit und wünscht allen frohe Weihnachten.

## Materialliste und technische Hinweise

### Material
- Kostüme
- Stern
- Stall mit Krippe
- Puppe als Jesuskind
- Ordner, der Engel 1 aus der Hand fällt (1. Szene)

- Laufzettel für Michael, auf dem zu lesen ist, dass er sich bei Samuel melden soll (1. Szene) – *steht zum Ausdrucken bereit*
- Glocke oder Ähnliches für die Ankündigung der Durchsagen Samuels (1. Szene und weitere Szenen)
- Ordner und Unterlagen auf Samuels Schreibtisch
- DVD-Player, Beamer, DVD, ggf. Leinwand, um die Ankündigung der Geburt Jesu zu zeigen (2. Szene)
- Bett für Kaiser Augustus (3. Szene)
- zwei Wirtshäuser (7. Szene)
- Kalender auf Samuels Schreibtisch (8. Szene)

**Hinweise**
*Aufführung des Krippenspiels in drei Teilen*
Teil 1: 1. + 2. Szene
Teil 2: 3. – 7. Szene
Teil 3: 8. – 11. Szene

*Verschiedene Spielebenen: Himmel und Erde*
Das Krippenspiel spielt sowohl im Himmel als auch auf der Erde. Um die Distanz deutlich zu machen, bietet es sich an, die „Himmelsszenen" (in erster Linie im Büro von Samuel) etwas abseits auf Podesten zu spielen.

*Vorführung eines kurzes Videos*
Die größte technische Herausforderung des Stückes ist die Vorführung der Ankündigung der Geburt Jesu, die Samuel den beiden anderen Engeln per DVD vorspielt. Diese Szene ist vorher auf Video aufzunehmen und muss während des Krippenspiels per Beamer gezeigt werden. Hier ist jeweils vor Ort zu beurteilen, ob die technischen Möglichkeiten gegeben sind und wo ein geeigneter Ort ist, um eine Leinwand zu positionieren, damit möglichst viele Gottesdienstbesucher die kurze Video-Sequenz sehen können.

# Das Stück

*Große Rollen:* Engel Michael
Engel Samuel, Engel vom Dienst
Engel Rafael

*Mittlere Rollen:* Engel Gabriel

*Kleine Rollen:* Maria
Josef
Engel Nataniel
Kaiser Augustus
Wirt 1
Wirt 2
Hirte 1
Hirte 2
Hirte 3
Caspar, Weiser aus dem Morgenland
Melchior, Weiser aus dem Morgenland
Balthasar, Weiser aus dem Morgenland
Engel 1 (kleine Sprechrolle)
weitere Engel, die herumlaufen und „Vom Himmel hoch" singen

## 1. Szene: Abteilung zur Organisation von Großveranstaltungen

*Engel Michael kommt mit einem Zettel in der Hand in der „Abteilung zur Organisation von Großveranstaltungen" an. Er weiß nicht, wo er hinsoll, und blickt suchend umher. Ein paar Engel rennen geschäftig hin und her.*

*Michael stößt versehentlich gegen Engel 1, dem ein Ordner herunterfällt.*
Michael: Oh, tut mir leid! Kannst du mir weiterhelfen?
Engel 1 *(im Weggehen)*: Nein, leider nicht! Hab überhaupt keine Zeit!
*Schließlich kommt Engel Rafael auf Michael zu.*

Rafael: Hallo, kann ich dir helfen?
Michael: Guten Tag! Ja, das wäre nett! Mein Name ist Michael. Ich komme aus der „Abteilung für himmlische Musik und menschliche Geschichte". Nun bin ich hierher versetzt worden – in die „Abteilung zur Organisation von Großveranstaltungen". Ich soll mich hier melden *(sieht auf seinen Zettel)* – bei Samuel.
Rafael: Das ist ja schön, dass du endlich da bist! Mein Name ist Rafael. Wir können hier in der AOG dringend Hilfe gebrauchen.
Michael: In der AOG???
Rafael: Ja, Entschuldigung! Wir brauchen hier ständig irgendwelche Abkürzungen. Bei uns muss es immer schnell gehen. Also die AOG ist unsere Abteilung – die „Abteilung zur Organisation von Großveranstaltungen".
Michael: Ach so. Und wo finde ich Samuel jetzt?
Rafael: Samuel ist unser Chef. Er wird hier gleich vorbeikommen. Übrigens nennen wir ihn nur EVD, also Engel vom Dienst. Er ist eigentlich ganz nett, steht aber immer ein bisschen unter Strom.
Sag mal, warum bist du eigentlich zu uns in die AOG gekommen? Hat's dir in der AMG – also der „Abteilung für himmlische Musik und menschliche Geschichte" – nicht mehr gefallen?
Michael: Doch, dort war es schon schön. Wir haben Musik gemacht und dazwischen immer wieder biblische Geschichten gelesen – von Noah, Jakob, König David und von den Propheten. Aber das habe ich nun fast 2.000 Jahre lang gemacht und irgendwann wird es langweilig.
*Ein Signalton ertönt.*
Michael: Was ist das denn?
Rafael: So werden die Durchsagen des EVD immer angekündigt. Hör zu:
Samuel: *(durch die Lautsprecher)* Meine lieben Engel, der Count-

down beginnt! Wir haben den viertletzten Sonntag, bevor Gott Mensch wird und als Jesus auf die Welt kommt. Die Adventszeit hat also begonnen.
Von allen Engeln der AOG erwarte ich nun höchste Konzentration und beste Arbeitsergebnisse. Hiermit ordne ich Überstunden an und jeder Urlaub ist gestrichen. Ich werde nachher herumgehen und alle Arbeitsplätze inspizieren. Zunächst soll sich aber Rafael in meinem Büro melden.
Und nun frisch und fröhlich an die Arbeit!

Michael: Na, hier geht's ja rund!
Rafael: Ach, alles halb so wild! Wenn ich jetzt zum EVD ins Büro gehe, kannst du ja gleich mitkommen.
Michael: Gute Idee!

*Rafael und Michael gehen zu Samuels Büro. Dieser sitzt am Schreibtisch. Viele Ordner und Unterlagen liegen herum.*

## 2. Szene: Im Büro des EVD

Rafael: Hallo, Samuel! Hier bin ich. Ich habe auch gleich jemanden mitgebracht – Michael aus der AMG.
Michael: Guten Tag!
Samuel: Moin! Ich freue mich, dass du gekommen bist. Wir können jeden Flügel gebrauchen – kleiner Engelwitz. Es gibt noch unheimlich viel zu tun. Du weißt doch, was gerade los ist?
Michael: Natürlich: Gott hat beschlossen, ein Mensch zu werden. Und so wird er in drei Wochen geboren. Ihr – das heißt wir – sollen nun alles rundherum organisieren.
Samuel: Richtig, richtig! Und ich kann dir sagen, es ist unheimlich viel zu bedenken. Alles soll so prächtig wie möglich werden. Ein Palast – unzählige Kaiser und Könige – Festmähler – wir haben extra einen Marsch komponiert – die besten Hebammen und Ärzte aus der ganzen Welt – ein Sternenfeuerwerk.
Ich kann dir sagen: In drei Wochen wird in Jerusalem

|  |  |
|---|---|
| | ganz schön der Bär los sein. Na ja, immerhin wird Gott Mensch. Das muss schon prächtig werden! |
| Michael: | Bist du sicher, dass Gott das alles will? So wie ich ihn verstanden habe, will er kein großer König, sondern ein Mensch wie alle anderen sein. |
| Samuel: | Warum immer so bescheiden? Aber du hast recht – Gott ist da irgendwie ein bisschen zurückhaltend. Ich hätte als Mutter ja eine edle Frau aus einer Königsfamilie genommen. Aber nein, er wollte einfach eine junge Frau, die auch noch mit einem Zimmermann zusammen ist. |
| | Moment! Ich kann dir sogar schnell noch zeigen, wie Gabriel dieser Maria vor ein paar Monaten die Nachricht gebracht hat. |

*Samuel schaltet DVD-Player und Beamer an.*

| | |
|---|---|
| Samuel: | Hast du so was schon mal gesehen? |
| Michael: | Nein. |
| Samuel: | Das ist ein Beamer. Er kann bewegte Bilder an die Wand werfen. Die neueste Erfindung aus unserer Forschungsabteilung. Die Menschen werden noch 2.000 Jahre brauchen, bis sie so etwas erfinden. Man muss nur diese SSZ-ABB einlegen … |
| Michael: | Die was? |
| Samuel: | Die SSZABB – die Silberne Scheibe zum Abspielen bewegter Bilder. Sieh mal! |

*Samuel legt eine DVD ein. Auf dem Beamer ist Maria zu sehen. Sie fegt gerade im Haus. Gabriel tritt auf.*

| | |
|---|---|
| Gabriel: | Friede sei mit dir, Maria! |
| Maria: | Hilfe! Wer bist du denn? Und wie kommst du hier herein? |
| Gabriel: | Hab keine Angst! Ich bin Gabriel – ein Engel. Ich bin direkt aus dem Himmel geschickt worden, um dir zu sagen, dass du ein Kind bekommen wirst. |
| Maria: | Ich soll ein Kind bekommen? Wie kann das denn sein? |
| Gabriel: | Es ist nicht irgendein Kind. Es ist der Sohn Gottes – der |

angekündigte Retter der Menschen. Er wird Gottes Frieden bringen.
Ich wünsche dir alles Gute für die kommenden Monate! Gott sei mit dir!

Maria: Danke, Gabriel. Auf Wiedersehen!

*Samuel macht den Fernseher wieder aus.*

Samuel: Ja, das hat Gabriel doch richtig gut gemacht. Das war vor ungefähr acht Monaten und jetzt beginnt die heiße Phase. Josef und Maria sollen heute oder morgen eine Einladung von König Herodes bekommen. Dann werden sie mit einer Kutsche nach Jerusalem in den neuen Palast gebracht, damit Maria dort ihr Kind bekommen kann.

Michael: Ich höre wohl nicht recht. Weißt du nicht, dass das Kind ein Nachfahre König Davids sein soll und dass er deshalb auch in der Stadt Davids geboren werden soll? Und das ist nun mal Bethlehem, nicht Jerusalem!

Rafael: Bethlehem oder Jerusalem – ist das nicht ganz egal?

Michael: Nein, ganz und gar nicht. Herodes in Jerusalem ist ein böser König. Und in den Geschichten, die ich in den letzten Jahrhunderten gelesen habe, deutet alles auf Bethlehem hin.

Samuel: Du meine Güte! Wie sollen wir Maria und Josef denn jetzt dahin bekommen?

*Alle drei Engel denken nach.*

Michael: Ich hab's: Wie wäre es mit einer Volkszählung, die der Kaiser Augustus anordnet? Jeder soll dazu in die Stadt seiner Väter gehen. Das heißt: Josef müsste nach Bethlehem und würde die schwangere Maria mitnehmen.

Samuel: Eine sehr gute Idee! Ich werde sofort alles in die Wege leiten.

*Der Signalton ertönt. Samuel macht eine Durchsage:*

Samuel: Meine lieben Engel – soeben hat sich eine kleine Änderung in unserem Plan ergeben: Wir verlagern alles von Jerusalem nach Bethlehem. Herodes wird ausgeladen. Und Gabriel soll in mein Büro kommen!

## 3. Szene: Gabriel bei Augustus

*Augustus liegt im Bett und schläft. Gabriel verlässt Samuels Büro und geht in Augustus' Schlafzimmer.*

Gabriel: Da hat der EVD ja einiges verbockt. Und ich muss die Kohlen wieder aus dem Feuer holen! Aber es wird schon klappen.

*Gabriel geht an Augustus' Bett und rüttelt ihn wach.*

Gabriel: Aufwachen, Augustus!

Augustus: Hilfe! Wachen! Überfall!

Gabriel: Ganz ruhig! Niemand kann dich hören. Es ist auch kein Überfall.
Ich bin Gabriel – ein Bote Gottes. Wir haben da ein kleines Problem und wir brauchen dazu deine Hilfe. Du bist doch bestimmt sehr daran interessiert, wie viele Menschen in deinem Weltreich leben. Deswegen solltest du eine Volkszählung machen – am besten innerhalb der nächsten drei Wochen.

Augustus: Eine Volkszählung? Gar keine schlechte Idee!

Gabriel: Es ist sogar eine sehr gute Idee. Am besten schickst du sofort ein paar Boten los, die deine Anordnung in der ganzen Welt verbreiten. Ganz wichtig ist, dass du auch jemanden nach Nazareth in Palästina schickst. Alles klar? Dann muss ich jetzt auch schon los. Alles Gute! *(Gabriel verschwindet.)*

Augustus: Habe ich geträumt oder war wirklich ein Engel bei mir? – Eigentlich egal. Die Idee mit der Volkszählung ist gar nicht schlecht. *(schreit)* Meine Berater sofort zu mir!!!

### 4. Szene: In Samuels Büro

*Michael, Rafael und Samuel haben vom Himmel aus die Szene beobachtet.*

Samuel: Das ist ja gerade noch mal gut gegangen! Nun habe ich einhundert Jahre lang geplant und geplant. Jetzt kommst du, Michael, und bringst hier alles durcheinander.
Ich werde sofort die Kutsche nach Nazareth schicken, damit sie Maria und Josef nach Bethlehem bringt.

Rafael: Moment mal, Samuel! Ich glaube, das ist nicht mehr nötig. Die beiden haben sich schon auf den Weg gemacht. Ohne Kutsche – zu Fuß. Sieh mal, da unten gehen sie! Für Maria muss das ja echt anstrengend sein.

### 5. Szene: Maria und Josef auf dem Weg

*Man sieht Maria und Josef herumlaufen. Josef stützt Maria.*

Josef: Muss diese Volkszählung gerade jetzt sein, wenn wir unser Kind bekommen?! Es ist doch so schon alles anstrengend genug.
Geht's, Maria, oder sollen wir eine kleine Pause machen?

Maria: Ach, Josef, es bringt doch nichts, wenn wir jetzt klagen! Es wird bestimmt alles gut werden. Aber eine Pause wäre nicht schlecht.

Josef: Gut, dann können wir uns hier hinsetzen. – Ich hoffe nur, dass wir in Bethlehem noch ein Zimmer in einem Gasthaus finden.

*Maria und Josef setzen sich.*

### 6. Szene: In Samuels Büro

*Engel Nataniel stürmt in Samuels Büro.*

Nataniel: Moin, EVD! Ich wollte nur sagen, dass wir den Palast in Jerusalem nun komplett eingerichtet haben.

Samuel: Wieso Palast in Jerusalem? Habt ihr Bauengel nicht mitbekommen, dass das Ganze in Bethlehem stattfinden soll?!

| | |
|---|---|
| Nataniel: | Von Bethlehem wurde uns nie was gesagt! Wir können aber gerne dort auch noch einen Palast bauen. |
| Samuel: | Wann seid ihr denn fertig, wenn ihr sofort anfangt? |
| Nataniel: | Mit allen Planungen, Materialbeschaffung und so weiter – acht Wochen brauchen wir mindestens. |
| Samuel: | Acht Wochen!!! – Wir haben nur noch zwei. |
| Nataniel: | In zwei Wochen?! Das reicht gerade noch für einen Stall. |
| Samuel: | Einen Stall?! Das ist der Sohn Gottes, der da zur Welt kommt – nicht irgendein Bettler! |
| Nataniel: | Das mag ja alles sein, aber schneller geht's nicht. |
| Samuel: | Es hilft ja alles nichts: Dann baut einen Stall! Wer weiß, wofür wir ihn noch brauchen. Am besten macht ihr euch sofort an die Arbeit. |
| Nataniel: | Okay, Chef. Wir fangen sofort an. |

*Nataniel verlässt das Büro.*

| | |
|---|---|
| Samuel: | Meine ganze Planung gerät durcheinander. Hoffentlich klappt alles andere. |
| Rafael: | Soll ich einmal nachfragen gehen, was die Marschkapelle, die Ehrengäste, das Sternenfeuerwerk und die Engel von der Wachabteilung machen? |
| Samuel: | Gute Idee! Ich erwarte gleich deinen Bericht. |

*Rafael verlässt das Büro.*

| | |
|---|---|
| Michael: | Ich habe das Gefühl, dass noch mehr schiefgehen wird. Aber vielleicht ist das gar nicht so schlecht. |

## 7. Szene: Auf Zimmersuche
*Maria und Josef klopfen bei einem Wirt an.*

| | |
|---|---|
| Josef: | Friede sei mit dir, guter Mann! Wir sind Maria und Josef aus Nazareth. Heute Nacht wird meine Frau wohl ein Kind bekommen. Hast du noch ein Zimmer frei? |

| | |
|---|---|
| Wirt 1: | Es tut mir leid! Durch die Volkszählung bin ich vollkommen belegt. Da hättet ihr ein bisschen früher kommen müssen. Aber fragt doch nebenan noch mal nach. |
| Josef: | Das werden wir tun. Vielen Dank! |
| Wirt 1: | Alles Gute! Gott sei mit euch! |

*Maria und Josef ziehen weiter. Sie klopfen an die nächste Tür.*

| | |
|---|---|
| Josef: | Entschuldigung! Wir suchen dringend ein Zimmer für meine Frau, die heute Nacht wohl ein Kind bekommt. |
| Wirt 2: | Ich habe leider kein Zimmer mehr frei. Aber wisst ihr was? Ich habe mir in der letzten Woche einen neuen Stall bauen lassen, der ist jetzt natürlich belegt. Aber der alte Stall ist frei. Nur noch ein alter Ochse und ein Esel stehen darin. Dort könnt ihr für ein paar Tage bleiben. |
| Maria: | Vielen Dank, guter Wirt! Das ist unsere Rettung. |

*Maria und Josef gehen in den Stall.*

### 8. Szene: In Samuels Büro

| | |
|---|---|
| Samuel: | Gut, dass das mit dem Stall noch geklappt hat! |
| Rafael: | Seht mal! Maria hat gerade ihr Kind bekommen. Sie legt es in die alte Futterkrippe. Wie süß es aussieht! |
| Samuel: | Was – schon geboren!? *(sieht auf den Kalender)* Tatsächlich, wir haben ja schon den 24.! Schnell das Sternenfeuerwerk abbrennen! |
| Rafael: | Oh EVD, das wollte ich noch sagen: Die AAH ist auf einem Betriebsausflug. |
| Samuel: | Die AAH? |
| Rafael: | Ja, die „Abteilung für außergewöhnliche Himmelserscheinungen". Mit dem Sternenfeuerwerk wird's nichts. |
| Michael: | Schade! Darauf habe ich mich schon sehr gefreut. Wisst ihr was?! Ich habe vor 400 oder 500 Jahren mal ein Praktikum bei der AAH gemacht. Ich bekomme kein Feuerwerk hin. Aber einen Stern bringe ich auf jeden Fall zum Leuchten – kleinen Moment! |

*Michael geht weg. Ein Stern über dem Stall beginnt zu leuchten. Michael kommt zurück.*

Samuel: Michael, wie gut, dass du zu uns in die AOG gekommen bist! Ohne dich wäre der Heilige Abend kein Heiligabend. Vielleicht können wir jetzt zumindest die Ehrengäste, die Kapelle und die Wach-Engel losschicken.

Rafael: Ich mag's ja kaum sagen, aber das wird auch nichts! Die Ehrengäste, also alle Könige und Fürsten der Umgebung, haben ihre Einladung schon vor vier Wochen bekommen. Sie sind alle nach Jerusalem gefahren und feiern dort mit Herodes.

Die Wach-Engel hatten den Auftrag, weiterhin das Paradies zu bewachen. Die konnten also auch nicht nach Bethlehem kommen.

Und schließlich die Marschkapelle! Meinst du wirklich, dass so ein Marsch noch das Richtige ist? Er passt doch gar nicht mehr in diese einfache, ruhige Umgebung.

Samuel: Ich glaube, ich überstehe diesen Tag nicht! Was machen wir denn jetzt?

Michael: Also auf die Wache können wir gut verzichten. Heute Nacht passiert dem Kind schon nichts.

Wenn wir keine Kapelle haben, können wir vielleicht selbst singen. Engelsgesang ist doch auch nicht schlecht! In meiner alten Abteilung habe ich mal ein Lied gedichtet: „Vom Himmel hoch" heißt es. Heute könnten wir es singen.

Rafael: Dann bleibt noch die Frage mit den Gästen.

Samuel: Seht mal da unten! Drei Menschen, die zielstrebig auf den Stern zugehen! Und die haben Geschenke dabei: Ich kann's nicht genau erkennen. Aber es sieht nach Gold Weihrauch und Myrrhe aus. Drei Gäste wären das schon mal.

*Die drei Weisen aus dem Morgenland gehen durch den Gang nach vorne, setzen sich aber vor dem Altarraum noch einmal hin.*

Michael: Gut! Und da gleich neben Bethlehem lagern ein paar Hirten. Vielleicht sollten wir die auch noch losschicken. Dann können wir auch gleich mein Lied proben.

**9. Szene: Engel und Hirten**

*Die Hirten lagern auf dem Fußboden. Als die Engel auftreten, springen sie auf.*

Hirte 1: Wer seid ihr?
Hirte 2: Was wollt ihr hier?!
Gabriel: Habt keine Angst! Wir sind Engel – Boten Gottes!
Hirte 3: Echte Engel! Ich hätte nie gedacht, dass gerade wir armen Hirten mal Engel sehen würden!
Hirte 2: Aber warum seid ihr denn nun zu uns gekommen?
Gabriel: Hört zu …
Michael: Okay, Engel! Wir singen wie besprochen:
Alle Engel: Vom Himmel hoch, da komm ich her,
ich bring euch gute neue Mär.
Der guten Mär bring ich so viel,
davon ich sing'n und sagen will.
Hirte 2: Was ist denn eine Mär?
Michael: Das ist eine Nachricht.
Hirte 3: Ihr habt eine Nachricht für uns?
Rafael: Ja, sogar eine sehr gute.
Nataniel: Heute ist Jesus, Gottes Sohn, geboren. Er liegt in einer Krippe in einem Stall in Bethlehem. Wenn ihr dem Stern dort folgt, könnt ihr es gar nicht verfehlen.
Samuel: Also, dann macht euch mal auf den Weg! Wir müssen wieder zurück.

*Die Engel gehen wieder in Samuels Büro. Die Hirten stehen auf und machen sich auf den Weg. Unterwegs treffen sie auf die drei Weisen.*

**10. Szene: Auf dem Weg zum Stall und im Stall**

Caspar: Friede sei mit euch!
Hirte 2: Friede sei auch mit euch!
Balthasar: Wir sind drei Wissenschaftler aus dem Morgenland und wollen den neugeborenen König besuchen.
Hirte 3: Genau wie wir! In einem Stall soll er liegen.
Melchior: Seht mal! Dahinten sehe ich einen hellen Stern und gleich darunter den Stall.

*Die Hirten und die Weisen gehen zum Stall.*

Hirte 1: Guten Tag! Wir haben gehört, dass Gottes Sohn hier ist. Wir möchten ihn gerne sehen.
Josef: Kommt herein! Hier in der Krippe liegt er.

*Die Weisen, die Hirten und Maria und Josef stellen sich um die Krippe.*

**11. Szene: In Samuels Büro**

Samuel: Puh, dann ist ja doch noch mal alles gut gegangen!
Rafael: Und es sieht doch alles richtig schön und liebevoll aus.
Samuel: Ich danke euch beiden für eure Hilfe. Toll, Michael, dass du bei uns bist!
Ich mache noch schnell meine letzte Durchsage. (*Signalton*)
Liebe Engel, ihr habt gute Arbeit geleistet! Gott ist Mensch – Gottes Friede ist da – ganz anders als erwartet. Morgen und übermorgen habt ihr frei. Wir werden Weihnachten feiern. Also: Frohe Weihnachten euch allen!

## Predigt

Liebe Weihnachtsgemeinde,

Samuel, unser Engel vom Dienst, hat sich einiges vorgenommen: Die Geburt Jesu soll prächtig werden – ein Palast als Geburtsort ist das Mindeste. Ein Sternenfeuerwerk hält er für angemessen, eine Blaskapelle und das Wachbataillon der Engel sollen dem Ganzen einen würdigen Rahmen verpassen.

Es ist ja nicht irgendein Kind, das da auf die Welt kommt – es ist der Sohn Gottes!

Ich denke, dass nicht nur der Engel vom Dienst solche Vorstellungen hat. Auch andere Menschen damals haben gehofft, dass der Messias, der von Gott geschickte Retter, mit Pauken und Trompeten, mit Macht und Glanz in die Welt kommt. Gottes Sohn muss einfach einen prächtigen Start haben.

Doch es kommt ganz anders: Ein Stall – nicht ein Palast. Keine Ehrengäste – ein paar einfache Hirten sind die Ersten, die zur Krippe kommen. Die drei Könige kommen ja eigentlich erst viel später zu Jesus – und nach der Bibel sind es auch keine Könige, sondern einfach ein paar weise Männer.

Auch die Eltern, Maria und Josef, sind keine Menschen, die irgendetwas Besonderes darstellen. Sie sind ganz einfache Menschen. Eine junge Frau und ein Handwerker, ein Zimmermann – wie es ganz viele andere damals gab. Jesus wird in ganz normale, ganz einfache Verhältnisse hineingeboren.

Jetzt könnten wir fragen: „Was ist da schiefgelaufen?" – „Haben die Engel vielleicht tatsächlich schlechte Arbeit gemacht?" – „Liegen hier Planungsfehler vor?" – „Hat Gott selbst vielleicht nicht richtig aufgepasst?"

Ich glaube, dass Gott das alles in voller Absicht gemacht hat. Er wollte wohl nicht als reicher Königssohn geboren werden, sondern er wollte als Mensch und gleichzeitig als Gott zu allen Menschen kommen – auch zu denen, die nicht reich sind, die nicht im Mittelpunkt der Gesellschaft stehen, die nicht besonders viel hermachen. Gott wollte zu den ganz normalen Menschen kommen – zu den Menschen wie du und ich – groß und klein, arm und reich, zu den Menschen, die vieles gut machen, und auch zu den Menschen, denen wenig gelingt, sogar zu den Menschen, die schuldig werden.

Das ist doch ein wunderbares Zeichen: Gott ist für jede und jeden von uns Mensch geworden. Und das können wir doch viel leichter glauben, wenn er eben als normaler Mensch geboren wird – und nicht als prächtiger Königssohn.

Er beginnt sein Leben wie jeder andere Mensch. Er hat bestimmt immer wieder vor Hunger geschrien, hat die Windeln dreckig gemacht, hat den Eltern später vielleicht auch mal einen Streich gespielt. Als Erwachsener hat er den Menschen von Gottes Liebe erzählt. Er hat ihnen deutlich gemacht, dass Gott jeden Menschen liebt. Auch jede und jeden von uns. Schließlich hat er sogar Schmerzen gelitten und ist gestorben.

Gott hat also die Höhen und die Tiefen des Lebens am eigenen Leib erfahren – vom Anfang bis zum Ende. Und das alles hat er für uns getan. Damit wir wissen, dass er uns liebt – damit wir wissen, dass er uns alle Schuld vergibt – damit wir in Frieden leben können – damit wir Hoffnung haben können für unser Leben bis in alle Ewigkeit.

Wir feiern Jesu Geburtstag und damit feiern wir, dass Gott für uns Mensch geworden ist – ohne allzu viel Pracht. Und bestimmt hat Samuel, der Engel vom Dienst, es am Ende auch verstanden.

Amen.

# 2. Weihnachten durch Raum und Zeit

## Einführung

Die Kinder Fenna, Pauline und Hayo haben eine besondere Hausaufgabe auf: Sie sollen die Weihnachtsgeschichten aus der Bibel heraussuchen. Plötzlich erscheint ein helles Licht und ein Mädchen und ein Junge stehen im Zimmer. Sie sind ganz fremdartig angezogen.

Die beiden kommen aus der Zukunft und heißen Tina und Tom. Sie haben eine ähnliche Hausaufgabe: Sie sollen herausbekommen, wo die Ursprünge des Weihnachtsfestes liegen. Und diese Suche starten sie per Zeitreise im Jahr 2018, weil sie gehört haben, dass in dem Jahr das schönste Weihnachtsfest stattgefunden haben soll.

Fenna, Pauline und Hayo klären dieses Missverständnis auf und raten den beiden, in das Jahr 0 nach Bethlehem zu reisen, um dort die wahre Weihnachtsgeschichte zu erleben. Kurz entschlossen reisen auch sie mit, damit sie ihre Hausaufgaben auf die gleiche Weise erledigen können. So machen sich alle fünf Kinder auf den Weg nach Nazareth, neun Monate vor Jesu Geburt.

Hier beobachten sie zunächst, wie Maria von Gabriel erfährt, dass sie ein Kind bekommen wird, und reisen dann acht Monate weiter, um zu sehen, wie ein römischer Soldat in Nazareth den Befehl zur Volkszählung bekannt gibt. Josef und Maria sind erschreckt, weil sie nach Bethlehem gehen müssen.

Auch für die Kinder geht es jetzt weiter nach Bethlehem. Dort beobachten sie, wie Maria und Josef ein Zimmer suchen. Schließlich kommen die beiden in einem Stall unter. Dort wird Jesus geboren.

Eigentlich – so wissen die Kinder – wird die Geburt mit einem Stern am Himmel angekündigt. Doch der scheint noch nicht. Da hat Tom die rettende Idee: Er tippt auf seinen Computer und lässt damit einen Stern hell am Himmel erstrahlen.

Schließlich besuchen die Kinder eine Hirtengruppe. Dort erscheint Gabriel und teilt den Hirten mit, dass ganz in der Nähe der Sohn Gottes zur Welt gekommen ist. So gehen die Hirten gemeinsam mit den Kinder nach Bethlehem.

Nun fehlen nur noch die drei Weisen aus dem Morgenland. Tom holt sie einfach durch einen Zeitsprung nach Bethlehem. So kommen die Hirten und die Weisen gemeinsam am Stall an.

Die Kinder sind begeistert, dass sie die Weihnachtsgeschichte hautnah miterleben durften. Sie reisen zurück in ihre Zeiten und verabreden, sich bald wieder zu besuchen.

## Materialliste und technische Hinweise

### Material
- Kostüme
- Stern
- Stall mit Krippe
- Puppe als Jesuskind
- Sofa oder Ähnliches (1. Szene)
- Bibel (1. Szene)
- Stroboskop (1. Szene)
- Übersetzungscomputer (sieht aus wie ein Taschenrechner) (1. Szene)
- Kochtopf, Kochlöffel (3. Szene)
- Verkündigung der Volkszählung (4. Szene) – *steht zum Ausdrucken bereit*

- Z-E-L-T 3000 (Päckchen in der Größe eines Taschentuchpakets) (5. Szene)
- zwei Wirtshäuser (5. Szene)
- Lagerfeuer (7. Szene)

**Hinweise**

*Aufführung des Krippenspiels in drei Teilen*
Teil 1: 1. + 2. Szene
Teil 2: 3. – 6. Szene
Teil 3: 7. – 9. Szene

*Verschiedene Spielzeiten: Jetzt-Zeit und Zeit zu Jesu Geburt*
Das Krippenspiel beginnt in der 1. Szene in der Jetzt-Zeit. Diese Szene könnte am Rand auf einer kleinen Extra-Bühne gespielt werden. Alle anderen Szenen spielen in der Zeit um Jesu Geburt. Dabei sind die Kinder oft nur beobachtend am Rand des Geschehens.

*Zeitsprünge*
Während des Krippenspiels finden mehrere Zeitsprünge statt. Diese Zeitsprünge lassen sich am besten dadurch darstellen, dass kurzzeitig alles Licht gelöscht wird und ein Stroboskoplicht aufleuchtet.

## Das Stück

*Große Rollen:*   26 506-1 (Tina), Kind aus der Zukunft
26 506-2 (Tom), Kind aus der Zukunft
Fenna, Kind aus der Gegenwart
*Mittlere Rollen:*   Hayo, Kind aus der Gegenwart Pauline, Kind aus der Gegenwart
Maria
Josef
*Kleine Rollen:*   Soldat
Wirt 1
Wirt 2
Frau von Wirt 2
Hirte 1
Hirte 2
Hirte 3
Hirte 4
Caspar
Melchior
Balthasar
Samuel, Engel
Gabriel, Engel
Michael, Engel
Rafael, Engel

### 1. Szene: Fenna, Pauline und Hayo unterhalten sich

*Pauline und Fenna sitzen auf dem Sofa.*

Fenna:   Oh Mensch, ist das viel …!
Pauline:   Die ganze Weihnachtsgeschichte aus der Bibel raussuchen und in Stichworten aufschreiben. Ich könnte mir Spannenderes vorstellen!
Fenna:   Als hätten wir keine anderen Hausaufgaben! Aber ich glaube, wir sind bald fertig.
Pauline:   Guck mal! Da kommt Hayo.

*Hayo kommt dazu.*
Fenna: Hallo Hayo!
Hayo: Hallo Fenna!
Fenna: Hast du schon die Hausaufgaben in Religion gemacht?
Hayo: Ach, das ist doch Pillepalle! Die Weihnachtsgeschichten aus der Bibel heraussuchen und in Stichworten aufschreiben. Ich kann sie auswendig: *Es begab sich aber zu der Zeit, dass ein Gebot von dem Kaiser Augustus ausging …*
Fenna: Klar, die Stellen kennt doch jeder. Aber weißt du, dass noch viel mehr in der Bibel steht? Wie Maria erfahren hat, dass sie ein Kind bekommt. Oder von den drei Weisen aus dem Morgenland. Da musst du wohl noch einiges lesen.
Hayo: Mist! Ich hatte gedacht, dass ich ganz schnell mit den Hausaufgaben fertig bin. Wie schön wäre es, wenn ich dabei gewesen wäre! Dann müsste ich jetzt nicht alles nachlesen …
Pauline: Na, so schlimm ist das nun auch nicht! Sieh mal im ersten Kapitel vom Lukasevangelium und dann irgendwo bei Matthäus nach …

*Ein helles Stroboskoplicht blinkt auf. Plötzlich stehen ein Mädchen und ein Junge, die etwas fremdartig angezogen sind, im Zimmer.*

**2. Szene: Tina und Tom landen im Jahr 2018**
Hayo: Träume ich?! Wie seid ihr denn hier hereingekommen? Wer seid ihr überhaupt?
Tina: Glubidumbei.
Tom: Kringbamdum.
Fenna und Pauline: Hä???
*Tom tippt auf einem Gerät herum, das wie ein Taschenrechner aussieht.*
Tom: Ich glaube, jetzt geht's besser. Unsere Übersetzungscomputer waren nicht richtig eingestellt.
Fenna: Eure Übersetzungscomputer?! Wo kommt ihr denn her?

| | |
|---|---|
| Tina: | Also ich bin 26 506-1. Aber eigentlich sagen alle Tina zu mir. Und das ist mein Bruder 26 506-2 oder auch Tom. Wir kommen aus dem Jahr *4018*. |
| Hayo: | *4018?!* Wollt ihr uns auf den Arm nehmen?! |
| Tom: | Nein, überhaupt nicht! Kann es etwa sein, dass ihr überhaupt keine Zeitreisen kennt? |

*Pauline, Fenna und Hayo schütteln die Köpfe.*

| | |
|---|---|
| Tina: | Mensch, Tom! Hast du in Geschichte nicht aufgepasst?! Johann Säbelpo aus *Aurich* hat doch erst ungefähr 2050 die erste Zeitreise unternommen. |
| Tom: | Ja, ja, weiß ich doch! Aber ihr wollt bestimmt wissen, warum wir eigentlich hier sind. In der Schule sollen wir ein Referat über die Entstehung des Weihnachtsfestes halten. Da haben wir uns gedacht: Warum lange den Computer befragen, wenn wir selbst mit einer kleinen Zeitreise an den Ursprung des Weihnachtsfestes zurückreisen können? |
| Fenna: | Da habt ihr euch ein bisschen verflogen. *2018* in *Norddeich* ist doch bestimmt nicht der Ursprung des Weihnachtsfestes! |
| Tina: | Nicht? Unsere Computer haben gesagt, dass *2018* das schönste Weihnachtsfest aller Zeiten gefeiert wurde. |
| Tom: | Und in einem Film haben wir gesehen, dass der Weihnachtsmann – also die wichtigste Person zu Weihnachten – aus dem hohen Norden von *Norddeich* kam. So sind wir hierher gekommen. |
| Hayo: | Haha, Weihnachtsmann? *2018?* Da seid ihr ja völlig falsch. Weihnachten ist viel älter als der Weihnachtsmann. Außerdem soll der Weihnachtsmann am Nordpol und nicht in *Norddeich* wohnen. |
| Fenna: | Ihr müsst noch ungefähr *2018* Jahre weiter zurück, und zwar in ein Dorf namens Bethlehem. |
| Pauline: | Richtig! Und wenn ihr da seid, sucht nach einem Stall oder fragt nach Maria und Josef und ihrem Kind Jesus! |
| Tina: | Okay! Dann danke für eure Hilfe! Ich gebe gleich mal die |

| | |
|---|---|
| | Daten ein: Also, Jahr 0, Stall, Bethlehem! Mal sehen, ob wir etwas finden. |
| Hayo: | Stopp! Könnt ihr uns nicht mitnehmen? Wir müssen eine ähnliche Aufgabe für Religion machen. Und es wäre ja besser, wenn wir alles hautnah erleben könnten. |
| Tom: | Klar, kein Problem. Ihr müsst euch nur hier an unseren Gürteln festhalten, dann ist es ganz einfach. Aber ich warne euch: Viele, die das zum ersten Mal machen, bekommen die Zeitreisekrankheit – zittrige Beine und so. Aber spätestens nach zwei, drei Tagen ist es auch wieder weg. |
| Fenna: | Aber wenn wir mitkommen, sollten wir alles von Anfang an mitmachen. Das heißt, wir sollten zuerst da landen, wo Maria erfährt, dass sie schwanger ist. Am besten nehme ich als Reiseführer eine Bibel mit. |
| Pauline: | Vielleicht versucht ihr folgende Daten: 24.03.0, 12 Uhr, Nazareth in Israel, hinterm Haus von Josef dem Zimmermann. Vielleicht klappt's! |
| Tina: | Versuchen wir's! Haltet euch gut fest! |

*Das Stroboskoplicht blinkt auf.*

## 3. Szene: Verkündigung durch den Engel Gabriel

| | |
|---|---|
| Hayo: | Das war klasse! |
| Pauline: | Seht mal! Dahinten steht ein Haus. Lasst uns mal zum Fenster reingucken! |
| Tina: | Und den Übersetzungscomputer sollten wir neu justieren. |

*Tom tippt auf seinem Taschenrechner herum. Alle fünf gehen zum Haus und sehen durch das Fenster. Dort steht Maria und kocht etwas.*

| | |
|---|---|
| Maria: | *(spricht mit sich selbst):* Heute werde ich meinem Josef etwas ganz Leckeres kochen. Meine Nachbarin hat mir etwas von ihrem geschlachteten Schaf gegeben. Das wird ein richtiges Festmahl. |

*Plötzlich steht der Engel Gabriel mitten im Zimmer. Maria lässt vor Schreck ihren Kochlöffel fallen.*

| | |
|---|---|
| Tom: | Echt Wahnsinn! Tina, hast du das gesehen. Da hat sich jemand mitten in die Hütte gebeamt, ohne dass es Lichtblitze gab. |
| Tina: | Stimmt! Und mein Computer hat keinerlei Strahlung angezeigt. Das muss eine ganz neue Technologie sein. Von welchem Planeten der wohl kommt? |
| Hayo: | Wieso Planet? |
| Fenna: | Das ist doch kein Außerirdischer. Das ist ein Engel. Der kommt direkt von Gott und wird überhaupt nicht gebeamt! |
| Pauline: | Habt ihr etwa noch nie von Engeln gehört?! Ach, egal, lasst uns einfach zuhören! |
| | |
| Maria: | Mensch, hab ich mich erschreckt! Wer bist du? |
| Gabriel: | Friede sei mit dir, Maria! Ich bin Gabriel, ein Engel, ein Bote Gottes. Ich habe eine gute Nachricht für dich. Du wirst schwanger werden und ein Kind bekommen. Er wird der Retter der Menschheit sein. Er wird Gottes Sohn sein und du sollst ihn Jesus nennen. |
| Maria: | Schw-schw-schwanger ... ich ... ich weiß gar nicht, was ich sagen soll. |
| Gabriel: | Hab keine Sorge! Bei Gott ist nichts unmöglich. Alles Gute! Ich muss wieder weiter. Gott sei mit dir! |

*Maria setzt sich völlig fertig auf einen Stuhl.*

| | |
|---|---|
| Tina: | Das muss ja ein ganz schöner Schreck für Maria sein! Wann kommt Josef denn nach Hause? Ich will sehen, was er dazu sagt! |
| Hayo: | Och, ich glaube, das ist nicht so spannend! Wir sollten lieber ein bisschen weiter reisen: Ungefähr im November muss hier in Nazareth mitten im Dorf auf einmal ein römischer Soldat gestanden haben. |

Pauline: Aber welches Datum nehmen wir dafür am besten?
Tom: Ich probiere einfach mal den 24. November 0. Das ist genau ein Monat vor Jesu Geburt. Haltet euch fest!
*Stroboskoplicht.*

**4. Szene: Der Befehl zur Volkszählung**
Fenna: Ich glaube, wir haben es genau richtig geschafft. Da hinten kommt ein römischer Soldat.
Hayo: Und da läuft die schwangere Maria mit einem Mann herum.
Tina: Kommt! Wir verstecken uns hinter dem Baum dort.
*Die fünf verstecken sich hinter einem Baum.*

Josef: Na, Maria, wie geht's dir denn heute? Noch einen Monat, dann hast du's geschafft.
Maria: Da bin ich auch froh. Am liebsten möchte ich den ganzen Tag im Bett bleiben und mich gar nicht mehr bewegen. Doch sieh mal: Da auf dem Markt steht ein römischer Soldat. Lass uns mal hören, was er zu sagen hat!
Soldat: *(laut)* Ihr Menschen von Nazareth, hört, was Augustus, euer göttlicher Kaiser, euch befiehlt *(liest ab):* „Ich, Augustus, Kaiser Roms und der ganzen Welt, befehle, dass alle Menschen meines Reiches gezählt werden. Dazu soll jeder Mann mit seiner Familie in die Stadt seiner Vorväter gehen. In fünf Wochen soll die Volkszählung durchgeführt sein. Wer meine Anordnungen nicht befolgt, wird bestraft!" *(Soldat geht ab.)*
Josef: Eine Volkszählung? Oh nein!
Maria: Josef, was ist mit dir?!
Josef: Du weißt doch, dass ich von König David abstamme. Er ist mein *(fängt an, an den Fingern abzuzählen)* Ur- ... Ur- ... Ur- ... Ur- ... ach, ist auch egal: Ganz-viel-Ur-Großvater. Und er stammte aus Bethlehem. Das heißt, dass wir auch nach Bethlehem zur Volkszählung müssen.

| | |
|---|---|
| Maria: | Nach Bethlehem? So weit?! Ich finde es schon furchtbar, dass wir gleich wieder hier vom Marktplatz zurück nach Hause müssen. Aber nach Bethlehem? Es gibt doch bestimmt Ausnahme-Regelungen für Schwangere. Oder vielleicht reicht es ja, wenn du allein gehst. |
| Josef: | Ach, Maria! *(nimmt sie in den Arm)* Du hast den Soldaten doch gehört: Wer den Anordnungen nicht Folge leistet, wird bestraft. Es bleibt uns nichts anderes übrig. Lass uns nach Hause gehen und unsere Sachen packen! Vielleicht leiht uns unser Nachbar Matthias ja seinen Esel. |

*Josef und Maria gehen wieder nach Hause. Die fünf Kinder (hinter dem Baum) stehen auf.*

| | |
|---|---|
| Tom: | Volkszählungen, so was Albernes! Bei uns bekommt jedes Kind gleich nach der Geburt einen Chip eingepflanzt. So weiß die Regierung immer, wie viele Menschen gerade auf der Erde herumlaufen und wo sich wer befindet. |
| Fenna: | Na ja, ob das wirklich gut ist, wenn der Staat immer alles von uns weiß?! |
| Hayo: | Wie geht's denn jetzt weiter? Müssen wir den ganzen Weg mit Maria und Josef mitgehen? |
| Tina: | Wenn wir wirklich wissen wollen, wie schrecklich dieser Weg für Maria und Josef gewesen ist, sollten wir das vielleicht. |
| Pauline: | So weit kann ich aber nicht laufen! |
| Fenna: | Genau, mir ist das auch viel zu lang! Können wir nicht an das Ende des Weges springen und zusehen, wie Maria und Josef ankommen? |
| Tom: | Okay, lasst uns das machen! Aber langsam müssen wir aufpassen, dass wir nicht zu viele Sprünge machen. Unsere Energievorräte reichen nicht ewig. Wenn dann eine Zeit-Rettungsaktion gestartet werden muss, bekommen wir ganz schön viel Ärger. Aber noch reicht es. Haltet euch fest! |

## 5. Szene: Maria und Josef suchen eine Herberge

*Stroboskoplicht. Die fünf landen in Bethlehem. Maria und Josef schleppen sich in den Ort.*

Fenna: Langsam vertrage ich das Zeitreisen immer besser.
Pauline: Ja, mir macht es sogar richtig Spaß!
Tina: Seht mal! Wir sind genau richtig gelandet. Dahinten kommen schon Maria und Josef. Sehen die aber schlecht aus!

*Maria und Josef gehen den Weg ins Dorf.*

Maria: Ist es noch sehr weit? Ich kann einfach nicht mehr! Und ich habe das Gefühl, dass das Kind bald kommen will.
Josef: Wir haben es gleich geschafft! Nur noch ein kleines Stückchen. Da hinten kann ich Bethlehem schon sehen. Wir suchen uns eine Herberge und dann wird alles gut.

*Maria und Josef gehen weiter.*

Tom: Herberge?! Haben sie kein Z-E-L-T 3000?
Hayo: Ein was?!
Tom: Ein Z-E-L-T 3000! Ein selbst aufbauendes, beheizbares Zelt für vier Personen. Hier, sieh mal! *(Er hält ein kleines Päckchen in der Größe eines Taschentuchpakets hoch.)* Das muss jedes Kind ab dem Kindergarten immer für Notfälle bei sich tragen.
Tina: Sag mal, Tom, hast du in Geschichte überhaupt nie aufgepasst? Die Z-E-L-T 3000 werden erst im Jahr 3000 entwickelt. Warum heißen die Dinger wohl so?!
Tom: Hab ich vergessen! Soll ich schnell hingehen und denen solch ein Päckchen geben?
Pauline: Das ist eine tolle Idee!
Fenna: Nee, finde ich überhaupt nicht. Wir sollten das nicht machen. Bisher steht nicht in der Bibel: *Und ein Junge ging zu Josef und baute ein beheizbares Zelt auf, damit Maria einen Raum zum Gebären hatte.*
Tina: Genau, Tom! Du bist verrückt! Du darfst doch nicht in

| | die Vergangenheit eingreifen! Du weißt genau, dass das grässliche Auswirkungen auf unsere Zeit haben kann. |
|---|---|
| Tom: | Ich wollte ja nur helfen. Dann müssen die beiden eben selbst sehen, wo sie etwas zum Schlafen finden. |

*Josef klopft an ein Haus. Ein Wirt tritt heraus.*

| | |
|---|---|
| Josef: | Guten Tag. Wir sind zur Volkszählung nach Bethlehem gekommen. Meine Frau ist schwanger und wir brauchen dringend ein Zimmer. |
| Wirt 1: | Haha, ein Zimmer für zwei Personen in Bethlehem, haha! Da hättet ihr vorbestellen oder mindestens zwei Wochen früher hier auftauchen müssen. Wegen dieser dummen Volkszählung ist das ganze Dorf voll. *(im Weggehen)* Haha, ein Zimmer für zwei Personen, heute, in Bethlehem, haha! |
| Josef: | Na, trotzdem danke! Komm, Maria, versuchen wir es im nächsten Haus! |

*Josef klopft an.*

| | |
|---|---|
| Wirt 2: | Wenn ihr ein Zimmer wollt, könnt ihr gleich wieder gehen! |
| Josef: | Aber meine Frau ist schwanger, wir brauchen nur ein Bett. |
| Wirt 2: | Ich habe kein Bett mehr frei! Verschwindet! |
| Wirtsfrau: | Simeon, sei nicht so unfreundlich! *(zu Maria und Josef)* Es tut mir leid, wir haben gerade ein bisschen Stress. Und damit kann mein Simeon nicht so gut umgehen. Wir haben wirklich im Haus nichts mehr frei. Aber wir haben einen Stall. Da könntet ihr schlafen, wenn euch Ochse und Esel nicht stören. |
| Maria: | Danke! Wir brauchen ja nicht viel. Das reicht auf jeden Fall. |

*Maria und Josef gehen zum Stall.*

**6. Szene: Ein Stern erstrahlt**

Tina: Das ist ja gerade eben noch mal gut gegangen. Wenn die beiden nicht bald etwas gefunden hätten, hätte ich Tom doch mit seinem Z-E-L-T 3000 losgeschickt – Zeitreise-Bestimmungen hin oder her.

Fenna: Oh, seht mal im Stall! Das war scheinbar wirklich eilig! Maria hat ihr Kind schon zur Welt gebracht. Ist das klein und süß!

*Maria legt Jesus in die Krippe.*

Hayo: Aber da fehlt doch was!
Tom: Was denn?
Hayo: Na der Stern. In der Bibel wird von einem hellen Stern berichtet, damit die Hirten und die Weisen den Messias finden. Aber der Stern ist nicht da! Jetzt wissen die Hirten gar nicht, wo sie hinsollen.

*Alle sehen nach oben.*

Fenna: Ich sehe auch nichts.
Tom: Ein Stern soll am Himmel leuchten. Das ist kein Problem. Das kann jedes Kind ab der dritten Klasse Physik. Man muss einfach ein paar leichte elektromagnetische Impulse auf einen Stern schicken. Und ganz automatisch strahlt er dann heller. Aber ich darf ja nicht …!

Tina *(zögernd)*: Vielleicht könnten wir hier doch eine Ausnahme machen.

Tom: Na, wenn du meinst! Ich schau mal schnell in meinem Computer, welcher Stern sich anbietet. *(tippt auf dem Taschenrechner)* Ah, ich hab einen: X-Mas-Centaur. Ein kleiner Stern im Sternbild des Tannenbaums. Achtung! Es geht los!

*Tom tippt auf seinem Taschenrechner und ein heller Stern erstrahlt über dem Stall.*

Pauline: Der leuchtet aber schön!

| | |
|---|---|
| Fenna: | Richtig! Jetzt fehlen nur noch die Hirten. Die brauchen aber bestimmt noch ein, zwei Stunden. |
| Hayo: | Wollen wir hier warten oder zu ihnen gehen? |
| Tina: | Lasst uns zu ihnen gehen. Aber dieses Mal möchte ich ganz nahe dran sein. Können wir uns nicht auch als Hirtenkinder verkleiden? |
| Tom: | Klar, kein Problem, ich materialisiere uns gleich fünf Hirtenkostüme. Aufgepasst! |

*Tom tippt auf seinen Taschenrechner. Jedes der Kinder nimmt ein Hirtenkostüm auf und zieht es an.*

| | |
|---|---|
| Hayo: | Toll! Dann wollen wir mal zu den Hirten gehen. |

### 7. Szene: Bei den Hirten

*Die Hirten sitzen um ein Lagerfeuer herum. Die Kinder setzen sich dazu.*

| | |
|---|---|
| Tina: | Guten Abend, wir sind Rahel, Rebecca, Zacharias, Judas und Mirjam. Wir kommen aus dem Nachbarort und suchen unsere Schafe. |
| Fenna: | Ja, und wir haben uns verlaufen. Dürfen wir heute Nacht bei euch bleiben? |
| Hirte 3: | Klar, kein Problem! Setzt euch zu uns! |

*Plötzlich erscheint eine Gruppe Engel. Die Hirten springen auf.*

| | |
|---|---|
| Hirte 1: | Halt, keinen Schritt weiter! |
| Hirte 2: | Zu Hilfe! Diebe! |
| Gabriel: | Fürchtet euch nicht! |
| Michael: | Wir haben eine gute Nachricht für euch! |
| Rafael: | Ja, eine Nachricht von Gott! |
| Hirte 3: | Das sollen wir euch glauben? |
| Hirte 4: | Das ist bestimmt nur ein Trick, um uns unsere Schafe zu stehlen. |
| Samuel: | Nein, ganz bestimmt nicht! |
| Hayo: | Den einen kenne ich, den habe ich schon mal gesehen. Ich glaube, das ist wirklich ein Engel. |
| Tom: | Ja, wir sollten ihnen glauben. |

| | |
|---|---|
| Hirte 1: | Na, gut! Fangt an zu erzählen! |
| Gabriel: | Also, mein Name ist Gabriel, und das sind Michael, Rafael und ... deinen Namen vergesse ich immer. |
| Samuel: | Samuel. |
| Gabriel: | Ja richtig, Samuel! Gott hat uns geschickt. Denn heute ist dort hinten in Bethlehem in einem Stall ein Kind geboren worden. |
| Hirte 2: | Na, das passiert doch häufiger mal! |
| Gabriel: | Ja, aber es ist nicht irgendein Kind. Es ist Jesus, der Sohn Gottes, der dort auf die Welt gekommen ist. Er ist der Messias, der Retter der Welt. Ihr solltet hingehen und ihn euch anschauen. |
| Hirte 3: | Wie finden wir denn den Weg? |
| Rafael: | Kein Problem! Folgt einfach dem hellen Stern dort! |
| Tina *(flüstert zu Tom)*: | Mensch, Tom, gut, dass du das mit dem Stern hinbekommen hast! |
| Michael: | Und jetzt geht! Friede sei mit euch! |
| Hirte 4: | Danke, ihr Engel! Wir machen uns gleich auf den Weg. |

*Die Hirten gehen los, die Kinder hinterher.*

## 8. Szene: Die drei Weisen

| | |
|---|---|
| Tom: | Ist das toll, dass wir hier dabei sind! Es ist viel besser, als wenn wir es nur in einem Geschichtscomputer nachlesen. |
| Tina: | Ja, richtig super! Aber sagtet ihr nicht etwas von irgendwelchen drei Weisen, die auch noch kommen sollen? |
| Fenna: | Ja, aber bis sie hier sind, dauert es noch ungefähr zwei Wochen – bis zum 6. Januar. |
| Hayo: | Müssen wir jetzt etwa noch zwei Wochen hier warten? |
| Pauline: | Kannst du uns nicht nachher einfach zwei Wochen weiter transportieren? |
| Tom: | Also, ich muss einmal kurz rechnen. *(Tom sieht auf seinen Taschenrechner und tippt.)* Wir haben noch genug Energie, um mit euch ins Jahr *2018* zurückzufliegen und dann selbst nach Hause zu kommen. Aber es reicht nicht noch |

| | |
|---|---|
| | für einen Fünf-Personen-Transport ins Jahr 1 – gerade noch für einen Drei-Personen-Transport. |
| Hayo: | Dann könntest du ja vielleicht die drei Weisen hierher transportieren? |
| Tom: | Äh, eigentlich darf ich das nicht ... |
| Tina: | Ach was, heute ist ein besonderer Abend! Mach es einfach! So schlimm wird's nicht sein. |
| Tom: | In Ordnung! |

*Tom tippt auf seinem Taschenrechner. Am Horizont tauchen die drei Weisen auf.*

| | |
|---|---|
| Melchior: | Hups! So schnell haben wir den Weg ja noch nie zurückgelegt! |
| Caspar: | Ich glaube, da vorne liegt schon Bethlehem. |
| Balthasar: | Dann sind wir gleich da. Und da sehe ich schon eine Gruppe von Hirten, die sich auch Richtung Stern bewegen. Vielleicht können wir mit denen zusammen zum neuen König gehen. |

*Die drei Weisen und die Hirten treffen aufeinander und gehen gemeinsam zum Stall weiter.*

### 9. Szene: Anbetung im Stall

| | |
|---|---|
| Josef: | Sieh mal, Maria! Draußen stehen ganz viele Hirten und drei Männer, die ganz fremd aussehen. |
| Maria: | Geh doch bitte hinaus und frage sie, was sie wollen! |
| Josef: | Guten Abend, kann ich euch helfen? |
| Weiser 1: | Ja, wir haben gehört, dass hier der Sohn Gottes geboren worden sein soll. |
| Hirte 1: | Die Engel haben gesagt, dass wir ihn ansehen dürfen. |
| Josef: | Das ist schön, dass ihr da seid! Kommt herein und seht euch unseren Jesus an! |

*Die Hirten und die Weisen gehen in den Stall, stellen sich um die Krippe. Die Kinder bleiben etwas davor stehen.*

Fenna: Super, dass wir das alles miterleben durften! Ich glaube, die Hausaufgabe wird kein Problem mehr sein.

Pauline: Die Weihnachtsgeschichte ist doch spannender, als ich gedacht habe.

Hayo: Vielen Dank, Tina und Tom, dass ihr uns mitgenommen habt!

Tom: Kein Problem! Das hat Spaß gemacht! Wir liefern euch jetzt zu Hause ab und dann müssen auch wir wieder in unsere Zeit zurück. Demnächst besuchen wir euch aber bestimmt mal.

Tina: Doch bevor es losgeht: Frohe Weihnachten!

Alle: Frohe Weihnachten!

## Predigt

Liebe Gemeinde,

„Unsere Computer haben gesagt, dass 2018* das schönste Weihnachtsfest aller Zeiten gefeiert worden ist." – „Und in einem Film haben wir gesehen, dass der Weihnachtsmann – also die wichtigste Person zu Weihnachten – aus dem hohen Norden vom Norddeich* gekommen ist. So sind wir hierher gekommen." Das sagen Tina und Tom, als sie aus dem Jahr 4018 im Jahr 2018 in Norddeich* aufgetaucht sind. Und so beginnt ihre Reise in die Vergangenheit, mit der sie herausfinden wollen, worum es Weihnachten wirklich geht.

Hin und wieder frage ich mich: Was wird man in der Zukunft noch von Weihnachten, von der Geburt Jesu Christi wissen? Und: Was weiß man heute noch davon? Bestimmt ist die Weihnachtsgeschichte noch den meisten Menschen bekannt – zumindest mehr als die Passionsgeschichte oder die Ostergeschichte. Aber wenn man den Fernseher in diesen Tagen einschaltet, ist so viel wohl auch nicht übrig geblieben.

Viele sehen in diesen Tagen wieder die Geschichte vom Weihnachtsmann und von Beutolomäus Sack, dem berühmten Weihnachtsmann-Helfer, im Fernsehen im Kinderkanal. Es ist eine schöne, lustige und spannende Geschichte – nur das Eigentliche, die Geburt Jesu, kommt natürlich nicht mehr vor. Stattdessen kann auch einfach „Stille Nacht, heilige Nacht" gesungen werden, wenn in einem Film einfach irgendein Kind geboren wird. Da gerät die Weihnachtsgeschichte wohl doch ein bisschen durcheinander.

Dabei ist Weihnachten ohne Jesus gar kein Weihnachten. Und die Geburtsgeschichte von Jesus ist auch so schön, dass man sie gerne immer wieder hören oder erzählen kann. Es ist nicht selbstverständlich, was damals vor ungefähr 2018* Jahren passiert ist. Da ist ein Baby geboren worden. Auch wenn es wissenschaftlich ziemlich genau

---

* Die Namen und Jahreszahl sind dem jeweiligen Ort und dem Jahr des Krippenspiels anzupassen.

zu erklären ist, wie so etwas geschieht, für mich ist es nach wie vor ein Wunder, wenn neues Leben entsteht.

Das ist schon mal das eine: Es wird ein Baby geboren – ein Wunder geschieht. Das ist schon viel Grund, um sich zu freuen. Nur dieses Baby ist noch mal ein ganz besonderes Baby. Dieses Baby, das dort in dem kalten Stall, in der Krippe liegt, das ist Gottes Sohn – Gott selbst. Das ist das eigentliche Weihnachtswunder – das eigentliche Weihnachtsgeschenk: Gott hat sich entschlossen, ein Mensch zu werden und dabei so klein anzufangen wie jeder andere Mensch – mit Windeln und mit Geschrei, mit Muttermilch und mit wenig Schlaf für die Eltern.

Gott wird Mensch. Für die Menschen damals und auch für uns heute bedeutet es: Gott ist nicht weit weg im Himmel, nicht unerreichbar – sondern er ist ganz nah. Er weiß, wie es uns Menschen geht – mit allem, was schön ist, und allem, was traurig macht, weil er eben auch Mensch geworden ist. Er begleitet uns durch unser ganzes Leben, will uns trösten, wenn es uns nicht gut geht, und freut sich mit uns, wenn das Leben toll läuft. Gott ist mit uns – das verspricht er uns mit Weihnachten. Er verspricht uns seine Liebe, seinen Frieden und seine Vergebung.

Liebe Kinder, liebe Erwachsene – liebe Weihnachtsgemeinde, ich wünsche uns allen ein Weihnachtsfest, an dem wir etwas von dem spüren, was so wichtig für Weihnachten ist. Ich wünsche uns, dass in diesen Tagen Gottes Liebe und Gottes Frieden in unseren Häusern und unseren Herzen einzieht.

Amen.

# 3. Weihnachtlicher Tier-Geheimbund (TGB)

## Einführung

Die Tiere Sieglinde Schaf, Theodora Taube, Emil Esel, Ottokar Ochse und Kasimir Kamel sind Mitglieder in einem Tier-Geheimbund, kurz TGB. Sie sind zu einer Sitzung zusammengekommen, nur Kasimir Kamel verspätet sich. Plötzlich steht Engel Gabriel zwischen ihnen und informiert sie, dass in wenigen Monaten Jesus geboren wird und dass seine Eltern, Maria und Josef aus Nazareth, dafür nach Bethlehem ziehen müssen, um die alten Prophezeiungen zu erfüllen.

Später kommt auch Kasimir zur Sitzung dazu und entschuldigt sich: Seine Chefs, drei Weise aus dem Morgenland, haben ihn aufgehalten. Die fünf Tiere überlegen gemeinsam mit Gabriel, wie sie Maria und Josef von Nazareth nach Bethlehem schaffen können. Da Emil sowieso in Nazareth wohnt, ist er bereit, sich um Maria und Josef zu kümmern. Nun ist nur noch die Frage offen, wie man das Paar davon überzeugt, nach Bethlehem zu gehen.

Auch dazu haben die Tiere eine Lösung: Theodora soll als Brieftaube Kaiser Augustus in Rom den Vorschlag zu einer Volkszählung überbringen, damit alle Menschen in die Städte ihrer Vorfahren reisen. Augustus ist von der Idee begeistert und ordnet die Volkszählung an.

In Nazareth erfahren Maria und Josef von der Volkszählung. Sie wissen nicht, wie sie nach Bethlehem kommen sollen. Da fällt ihr

Blick auf den Nachbarsesel – es ist Emil, den sie vom Nachbarn ausleihen können.

So machen sie sich ein paar Tage später auf den Weg. Sie planen, am 17. Dezember in Bethlehem anzukommen. Als sie eine Rast machen, kommt Theodora an flogen und unterhält sich mit Emil. Gabriel lässt ausrichten, dass Maria und Josef nicht in ein Hotel gehen sollen. Jesus soll in einem Stall geboren werden. Irgendwie muss Emil also die Reise verzögern. Theodora schlägt vor, dass er in ein paar Dornen hineintreten soll. Da er keine bessere Idee hat, setzt er diesen Plan um. Eine Tierärztin verarztet Emil und verordnet eine Reiseunterbrechung von sieben Tagen. So müssen Maria und Josef kurz vor Bethlehem eine lange Pause machen.

Endlich kommen die drei doch in Bethlehem an. Josef erkundigt sich in der örtlichen Kurverwaltung. Doch der Mitarbeiter kann kein Zimmer mehr anbieten. Ein Landwirt bietet Maria und Josef als Notunterkunft einen Stall an. Dankbar nehmen Maria und Josef das Angebot an. Im Stall wird Jesus geboren und Emil trifft Ottokar wieder.

Währenddessen lagert Sieglinde mit ihrer Schafherde auf einem Feld vor Bethlehem. Auch Theodora ist dort. Plötzlich erscheint Gabriel und berichtet den Hirten von Jesu Geburt. Er schlägt ihnen vor, nach Bethlehem zu ziehen, um das Kind zu begrüßen. So machen sich Sieglinde und Theodora zusammen mit den Hirten auf den Weg.

Schließlich kommt auch Kasimir zum Stall gerannt. Er ist etwas zu spät, weil seine drei Weisen sich verlaufen haben. So treffen sich alle fünf Tiere im Stall wieder. Sie beglückwünschen sich gegenseitig für ihre gute Arbeit und wünschen frohe Weihnachten.

# Materialliste und technische Hinweise

## Material
- Kostüme
- Stern
- Stall mit Krippe
- Puppe als Jesuskind
- Satzung (1. Szene) – *steht zum Ausdruck bereit*
- Kalender für Kasimir Kamel (1. Szene)
- Brief für Augustus (2. Szene) – *steht zum Ausdruck bereit*
- Stift (2. Szene)
- Bekanntmachung des Augustus (3. Szene)
- Gepäck/Rucksack für Esel Emil (4. Szene)
- dornige Äste (4. Szene)
- Riesendorn (4. Szene)
- Verbandszeug und Verbandstasche der Tierärztin (4. Szene)
- „i" der Tourist-Information (5. Szene) – *steht zum Ausdruck bereit (am besten: DIN A3 in Farbe)*
- Laptop/Computer (5. Szene)

## Hinweise
*Aufführung des Krippenspiels in vier Teilen*
Teil 1: 1. Szene
Teil 2: 2. + 3. Szene
Teil 3: 4. Szene
Teil 4: 5. – 7. Szene

*Tierkostüme*
In diesem Krippenspiel spielen Tiere (Esel, Taube, Ochse, Kamel, Schaf) die Hauptrolle. Die Gestaltung der Kostüme ist etwas aufwendiger, jedoch finden sich für alle Tiere Schnittmuster im Internet.

## Das Stück

*Große Rollen:*     Tiere:        Emil Esel
                                 Theodora Taube
                   Engel:       Gabriel

*Mittlere Rollen:*   Tiere:        Sieglinde Schaf
                                 Kasimir Kamel
                   Menschen:   Tierärztin
                                 Maria
                                 Josef

*Kleine Rollen:*    Tier:         Ottokar Ochse
                   Engel:       Raphael
                   Menschen:   Soldat
                                 Kaiser Augustus
                                 Mitarbeiter in der Touristinformation
                                 Simon, ein Bauer
                                 Hirte 1
                                 Hirte 2
                                 Hirte 3

**1. Szene: Treffen des Tier-Geheimbundes**
*Sieglinde Schaf, Theodora Taube, Emil Esel und Ottokar Ochse sitzen um einen Tisch herum.*
Sieglinde S.:    Liebe Mit-Tiere. Ich begrüße euch herzlich zur ersten Sitzung unseres Tier-Geheimbundes – kurz TGB – im Jahre 0. Die Tagesordnung ist ordnungsgemäß zugegangen.
                 Ich stelle fest, dass wir beschlussfähig sind: Theodora Taube aus Rom ist gekommen, Emil Esel aus Nazareth und Ottokar Ochse aus Bethlehem sind ebenfalls da. Schön, dass ihr alle den weiten Weg auf euch genommen habt!

| | |
|---|---|
| Thedora T.: | Ja, danke, liebe Sieglinde Schaf, dass wir in diesem Jahr bei dir hier in Alexandria in Ägypten tagen dürfen! Aber wo steckt denn Kasimir Kamel? |
| Emil E.: | Also, letztens kam er noch mit einer Karawane bei mir in Nazareth vorbei. Da sagte er, dass er auf jeden Fall kommen wolle. Doch ihr kennt ihn ja: Ist Kasimir jemals pünktlich gewesen?! Ich denke, wir sollten einfach anfangen. |
| Ottokar O.: | Richtig! So viel Zeit habe ich auch nicht. |
| Sieglinde S.: | Gut, dann kommen wir zum ersten Punkt der Tagesordnung: Die Schlangen haben uns einen Antrag zugeschickt. Sie möchten auch einen Delegierten zu unseren TGBs schicken. Was haltet ihr davon? |
| Emil E.: | Also, ich habe Angst vor Schlangen. Bestimmt beißen die mich. |
| Theodora T.: | Ja, und ich habe von einigen Menschen gehört, dass die Schlangen böse sind. Sie erzählen, dass eine Schlange schuld daran war, dass sie aus dem Paradies vertrieben wurden. |
| Ottokar O.: | Ach, papperlapapp! Das sind doch alles Menschen-Märchen. Ich habe in meinem Stall schon einige nette Schlangen kennengelernt. Ich finde, wir sollten den Schlangen ruhig eine Chance geben. |
| Sieglinde S.: | Entschuldige, Ottokar! Ich glaube, ich hab Schritte gehört. |
| Theodora T.: | Das ist bestimmt Kasimir. Mal sehen, was er wieder für eine Entschuldigung hat. |

*Engel Gabriel kommt auf die Bühne.*

| | |
|---|---|
| Gabriel: | Seid gegrüßt, liebe Tiere! Friede sei mit euch! |
| Sieglinde S.: | Ja, ja, Friede auch mit dir. Dies ist eine nicht öffentliche Sitzung des TGBs. Deshalb geh bitte wieder! |
| Emil E.: | Was bist du überhaupt für ein Tier? Bist du ein Vogel? |
| Theodora T.: | Ein Vogel?! Er hat doch gar keine Flügel. |
| Ottokar O.: | Vielleicht ist er ein Reptil? |

| | |
|---|---|
| Gabriel: | Nein, alles falsch! Ich bin kein Tier. Ich bin auch kein Mensch, sondern ich bin ein Engel. Ein Bote Gottes. Und ich bin mit Absicht hergeschickt worden, weil ich dringende Punkte mit euch zu besprechen habe. |
| Sieglinde S.: | Das geht so aber nicht. Wir haben unsere festgelegte Tagesordnung. Davon weichen wir auch nicht ab. Und Nicht-Tiere haben sowieso kein Rederecht. |
| Gabriel: | Wir im Himmel kennen eure Satzung ganz gut. Sieh doch mal unter Paragraf 29, Artikel 4, Satz 5, Buchstabe Y nach! Übrigens, mein Chef, also Gott, hat gesagt, dass die Schlangen seit der Paradies-Sache echt in Ordnung sind. Die könnt ihr ruhig aufnehmen. |
| Emil E.: | Ich guck mal schnell in der Satzung nach. Ich wusste gar nicht, dass wir so viele Paragrafen haben. Doch, da haben wir ja den Paragraf 29 und – oh, jetzt brauche ich eine Lupe – da kommt ja noch was Kleingedrucktes. Buchstabe Y. Ich lese einmal vor: „Die Sitzungen des TGBs sind nicht öffentlich. Eine nachträgliche Änderung der Tagesordnung ist nicht möglich. Es gilt jedoch folgende Ausnahme: Wenn Gott oder einer seiner Gesandten – in Klammern Engel – an der Sitzung teilnimmt, hat er sowohl Rede- als auch Stimmrecht. Außerdem ist die Tagesordnung unverzüglich seinen Wünschen anzupassen." |
| Theodora T.: | Habt ihr gewusst, dass wir das beschlossen haben? |
| Ottokar O.: | Nee! |
| Sieglinde S.: | Na ja, egal. Also, Michael, was gibt's? |
| Gabriel: | Danke! Übrigens, meine Name ist GABRIEL! Ich bin wegen eines kleinen Problems hier: Gott hat beschlossen, ein Mensch zu werden. Er will als Jesus auf die Welt kommen und so zum Retter aller Menschen werden. Die richtigen Eltern sind auch schon gefunden. Maria und Josef, ein Zimmermann aus Nazareth ... |

| | |
|---|---|
| Emil E.: | Die kenne ich doch! Das sind meine Nachbarn! Das ist ja ein Zufall! Sind die denn schon verheiratet? |
| Gabriel: | Nein, sind sie noch nicht. Aber das finden wir nicht so schlimm. Ich hab Maria auch schon informiert. Ich kann euch sagen: Die war ganz schön aufgeregt. Soweit läuft jetzt auch alles. Doch ein paar Sachen müssen noch geklärt werden. Das Kind, also der Retter, soll eigentlich nicht in Nazareth, sondern in Bethlehem geboren werden. So ist das im Alten Testament vorhergesagt. Ich weiß nicht, wie wir die Eltern dahin bekommen sollen. Maria möchte nämlich ihr Kind in Nazareth zur Welt bringen. |
| Ottokar O.: | Da sind schon wieder Schritte draußen! |

*Die Tür geht auf. Kasimir Kamel kommt völlig außer Atem zur Sitzung.*

| | |
|---|---|
| Kasimir K.: | Puh – entschuldigt *(hechelt ein bisschen)*, entschuldigt, dass ich zu spät komme! Meine Menschen – ihr wisst doch, diese drei Wissenschaftler aus dem Morgenland, die ständig die Sterne angucken – haben mich wieder nicht losgelassen. Dann musste ich den ganzen Weg im Dauerlauf zurücklegen. Schneller habe ich es einfach nicht geschafft. *(sieht zu Gabriel)* Wer bist du denn? Ein Vogel? |
| Sieglinde S.: | Na gut, dass du überhaupt kommst! Das ist kein Vogel, sondern Rafael, ein Engel! |
| Gabriel: | Entschuldigung: GABRIEL!!! |
| Sieglinde S.: | Sag ich ja, Gabriel. Er will zwei Menschen von Nazareth nach Bethlehem schaffen, Marlene und Jonathan oder so ... |
| Gabriel: | MARIA und JOSEF! |
| Sieglinde S.: | Sag ich ja, Maria und Josef, und Maria ist schwanger. Und deren Kind soll der Retter der Menschen sein. |
| Theodora T.: | Wann soll das Ganze denn stattfinden? |
| Gabriel: | Ja, das ist schon ganz genau festgelegt: Im Dezember, am 24., soll das Kind geboren werden. |

| | |
|---|---|
| Emil E.: | Das sind ja nur noch fünf Monate! Das wird ganz schön knapp! |
| Kasimir K.: | Ich sehe mal in den Kalender. Hier am 24. ist alles frei. Ich kann das übernehmen. Ach nein, das ist ja November! Aber hier, 24. Dezember, auch frei. Das wird eng. Am 23. müssen meine Wissenschaftler auf einer Tagung in Damaskus sein. Aber mit einem Dauerlauf schaffe ich das. |
| Emil E.: | Deine Pünktlichkeit kennen wir ja schon! Das wird doch nichts! Wie wäre es, wenn ich das übernehme? Ich kenne Maria und Josef ja auch schon. Das sollte ich hinbekommen. |
| Gabriel: | Gut, dann wäre das geklärt. Aber aus welchem Grund sollten Maria und Josef überhaupt nach Bethlehem gehen? |
| Sieglinde S.: | Ich hab da eine Idee ... |

## 2. Szene: Theodoras Nachricht

*Theodora fliegt herum. Sie hat einen Brief um den Hals.*

| | |
|---|---|
| Theodora T.: | Na, das haben sich die Kollegen ja fein ausgedacht. Haben mich zur Brieftaube gemacht. Dabei bin ich doch eine wilde, freie Taube. Gabriel hat sich hingesetzt und im Namen des römischen Finanzministers einen Brief an den Kaiser geschrieben, den ich jetzt zustellen soll. Na Klasse! Hoffentlich lässt er mich zumindest gleich weiterfliegen. |

*Theodora kommt beim kaiserlichen Palast an. Sie landet vor Augustus' Schreibtisch.*

| | |
|---|---|
| Augustus: | Oh, eine Brieftaube! Auf dem Brief ist das Siegel von Marcus Lupus, meinem Finanzminister. Das muss ja dringend sein, wenn er nicht selbst vorbeikommt. Ich werde den Brief mal aufmachen. Komm her, mein Täubchen! |

*Theodora fliegt zu Augustus. Augustus liest vor.*
Augustus: „O, göttlicher Kaiser – lieber Gusti. Ich habe mal wieder unsere Finanzen durchgerechnet. Das sieht alles nicht gut aus. Ich habe das Gefühl, dass die meisten Provinzen gar keine ordentlichen Steuern abführen. Wir müssen etwas tun. Wie wäre es, wenn wir eine Volkszählung machen, damit wir alle Bürger erfassen? Wir sollten in Palästina anfangen.
Es grüßt dich herzlich dein Marcus Lupus, Finanzminister."
Super Idee! Was wäre ich ohne dich. Ich werde gleich einen Brief an meinen Statthalter Quirinius in Syrien schicken. Er soll alles Weitere in die Wege leiten. Dezember wäre eigentlich ein guter Monat dafür.
So, Täubchen, ich habe noch einen Auftrag für dich.

*Theodora zur Gemeinde:*
Theodora T.: Das habe ich mir doch gedacht. Jetzt muss ich auch noch den ganzen weiten Weg nach Syrien fliegen. Nur weil sich dieser Gabriel etwas in den Kopf gesetzt hat. Aber was soll's. Dafür bin ich nun mal im TGB.

## 3. Szene: Maria und Josef erfahren, dass sie nach Bethlehem müssen

*Maria und Josef sitzen vor ihrem Haus. Emil Esel steht in der Nähe.*
Emil E.: Hoffentlich hat das mit Theodora und dem Brief an Augustus geklappt. Ich bin nun schon die ganzen letzten Wochen jeden Tag vor dem Haus von Maria und Josef auf und ab gelaufen, damit sie mich überhaupt wahrnehmen. Hier laufen ja ständig Tiere durchs Dorf. Aber Maria hat letztens schon „Na, du Süßer!" zu mir gesagt. Süß bin ich ja nun nicht. Aber zumindest hat sie mich wahrgenommen.

*Ein römischer Soldat tritt auf.*

Soldat: Bekanntmachung im Namen des Kaisers Augustus und des Statthalters Quirinius: Hiermit wird eine Volkszählung angeordnet. Dazu muss sich jeder Mann mit seiner Familie in seiner Heimatstadt einfinden. Die Volkszählung soll am 24. Dezember durchgeführt werden. Die Nichtbefolgung dieser Anordnung wird bestraft. Gegeben in Rom am 24. September.

*Der Soldat geht ab.*

Maria: Josef, das ist ja ein lustiger Zufall! Am 24. Dezember soll die Volkszählung sein. Da ist doch auch die Geburt unseres Sohnes. Gabriel war am 24. März bei mir und hat gesagt, dass die Geburt genau in neun Monaten ist. Vielleicht wird unser Kind bei der Volkszählung auch gleich mitgezählt. Gut, dass unsere Familien beide aus Nazareth stammen.

Josef: Ja, das ist wirklich gut. Aber stopp! Meine Familie kommt ja gar nicht aus Nazareth. Du weißt doch, dass ich von König David abstamme, und der kam ja nun aus Bethlehem. Da müssen wir hin. Im Dezember!!! Wie soll das nur gehen?

Maria: Ich kann doch nicht den ganzen Weg laufen! Aber vielleicht könnten wir ja unseren Nachbarn fragen, ob wir seinen Esel ausleihen können. Er läuft die letzten Tage ständig bei uns vorbei, als wollte er irgendetwas von uns. Also, ich finde den ja auch richtig süß! Kannst du nicht mal fragen gehen? Wenn wir den Esel bekommen, dann können wir es schaffen.

Josef: Ja, das ist eine gute Idee. Am besten wäre es, wenn wir schon am 10. Dezember aufbrechen, damit wir nicht erst am 24. in Bethlehem ankommen. Sonst finden wir kein Hotelzimmer mehr.

*Maria und Josef ab. Theodora kommt zum Esel geflogen.*

| | |
|---|---|
| Theodora T.: | Na, Emil, läuft alles? |
| Emil E.: | Hallo Theodora, bisher läuft es wie am Schnürchen. Vielleicht kannst du zu Gabriel fliegen und ihm Bescheid geben: Maria und Josef wollen ungefähr am 17. Dezember in Bethlehem ankommen. Vielleicht kann er ein Hotelzimmer reservieren. |
| Theodora T.: | Okay, mach ich. Tschüs! |
| Emil E.: | Tschüs, Theo, guten Flug! |

## 4. Szene: Maria und Josef auf dem Weg

*Emil trägt Gepäck. Maria und Josef laufen nebenher.*

| | |
|---|---|
| Josef: | Oh Maria, ist das nicht zu anstrengend für dich? Der Esel kann dich ja auch mal tragen. |
| Maria: | Nein, Josef, mir geht's gut. Wir haben ja noch viel Zeit. Wir haben den 15. und übermorgen oder spätestens überübermorgen kommen wir in Bethlehem an. Dann habe ich noch eine Woche bis zur Geburt. Da kann ich mich gut erholen. Aber ich könnte jetzt gut eine kleine Rast machen. |

*Alle setzen sich hin.*

| | |
|---|---|
| Josef: | Sieh mal! Da kommt eine Taube angeflogen. Sie fliegt ja direkt zum Esel, als wollte sie ihm etwas mitteilen. Aber Tiere können sich doch gar nicht verständigen. |

*Theodora fliegt zu Emil.*

| | |
|---|---|
| Theodora T.: | Hallo, du alter Esel! |
| Emil E.: | Hallo, Theodora, was treibt dich denn hierher? |
| Theodora T.: | Ich habe dringende Nachrichten von Gabriel für dich. Er will nicht, dass Maria und Josef im Hotel schlafen. Es ist extra geplant, dass Jesus nicht in einem Hotel, sondern in einem Stall zur Welt kommt. Es soll ganz deutlich werden, dass Gottes Sohn auch für die Allerärmsten da ist, die sich nicht einmal ein Hotelzimmer leisten können. Du darfst also erst am 24. Dezember in Bethlehem ankommen. |

| | |
|---|---|
| Emil E.: | Erst am 24.?! Das dauert noch über eine Woche! Wenn ich wollte, könnte ich morgen schon da sein. Was mache ich denn nur? |
| Theodora T.: | Guck mal, dahinten sind ein paar Dornen! Wie wäre es, wenn du dir einen Dorn in den Fuß trittst und so tust, als könntest du nicht mehr weiterlaufen? |
| Emil E.: | Bist du verrückt? Weißt du, wie weh das tut?! Aber vielleicht hast du recht. Ich habe auch keine andere Idee. |
| Theodora T.: | Dann viel Glück! Ich werde schon mal zu Ottokar fliegen, damit er seinen Stall ein bisschen auf Vordermann bringt. |

*Theodora fliegt weg. Der Esel tritt in einen Dorn, springt auf und schreit:*

| | |
|---|---|
| Emil E.: | I-AH! |
| Maria: | Huch, was ist denn mit unserem Esel? Was schreit er so? Josef, geh doch bitte mal hin und sieh ihn dir an! |
| Josef: | Ruhig, mein Esel, was hast du denn? Dein Bein ist ja ganz heiß. Hast du vielleicht einen Sonnenstich? Aber nur am Bein, das wäre ja sehr seltsam. |
| Maria: | Weißt du, was mit dem armen Esel los ist? |
| Josef: | Nein, keine Ahnung! Aber ich fürchte, wir müssen noch ein bisschen länger hierbleiben. |

*Die Tierärztin kommt vorbei.*

| | |
|---|---|
| Tierärztin: | Guten Tag, ihr guten Leute. Könnt ihr mir sagen, ob das der Weg nach Bethlehem ist? Ich muss dorthin, weil ich eine Schafherde untersuchen soll – ich bin nämlich Tierärztin. |
| Josef: | Ja, ein bis zwei Tagesreisen in diese Richtung. Dann müsstest du da sein. |
| Tierärztin: | Vielen Dank, dann mach ich mich gleich auf den Weg! |

*Die Tierärztin geht los – plötzlich schreit der Esel:*

| | |
|---|---|
| Emil E.: | I-AH! |
| Tierärztin: | Sag mal, ist das dein Esel, der so furchtbar schreit? |
| Maria: | Ja, das ist unser Esel. Wir wissen auch nicht, warum er das macht. |

| | |
|---|---|
| Josef: | Er hat erst vor zehn Minuten damit angefangen. Kannst du ihn dir nicht einmal ansehen? |
| Tierärztin: | Ich helfe gerne, wenn Tiere in Not sind. |

*Die Tierärztin geht zum Esel, untersucht ihn.*

| | |
|---|---|
| Tierärztin: | Na, mein Esel. Was ist denn mit dir? Hast du Schmerzen? Lass mich mal unter deine Hufe sehen! Na, da haben wir den Übeltäter ja schon! Solch ein Riesen-Dorn! Da würde ich aber auch schreien. Ich werde dich erst einmal verbinden. |

*Die Tierärztin verbindet den Esel und geht wieder zu Josef und Maria.*

| | |
|---|---|
| Tierärztin: | Ich habe eine gute und eine schlechte Nachricht für euch! Die gute ist: Ich konnte eurem Esel helfen. |
| Maria: | Was hatte er denn? |
| Tierärztin: | Diesen Riesen-Dorn habe ich ihm aus dem Fuß gezogen. Ich habe den Fuß verbunden und alles wird wieder gut. |
| Josef: | Danke sehr! Aber was ist die schlechte Nachricht? |
| Tierärztin: | Die schlechte Nachricht: Es wird bestimmt fünf bis sieben Tage dauern, bis der Esel wieder auftreten kann. Vorher könnt ihr nicht weiterziehen. Tut mir leid! |
| Josef: | Trotzdem danke! Dann werden wir wohl noch eine Weile hier bleiben müssen. |

## 5. Szene: In der Kurverwaltung

*Maria und Josef kommen in Bethlehem an.*

| | |
|---|---|
| Maria: | Jetzt ist es doch der 24. Dezember geworden. Hoffentlich finden wir noch ein Hotelzimmer. Sieh mal, Josef! Dort das große „i" der Tourist-Information. Geh doch mal und frag nach! Ich setze mich solange mit dem Esel unter den Baum dort. |

*Josef geht in die Kurverwaltung. Dort sitzt ein Mitarbeiter und ein Landwirt steht herum.*

| | |
|---|---|
| Mitarbeiter: | Herzlich willkommen im schönen Bethlehem, in der Davidsstadt! Was kann ich für Sie tun? Soll ich eine |

| | |
|---|---|
| | Führung durch die Stadt organisieren? Oder interessieren Sie sich für die örtlichen kulturellen Angebote? |
| Josef: | Nichts dergleichen! Wir haben eine wahre Odyssee hinter uns. Zehn Tagen lang waren meine Frau und ich mit unserem Esel von Nazareth hierher unterwegs. Alles nur wegen dieser Volkszählung! Wir brauchen nur ein einfaches Hotelzimmer und eine Unterstellmöglichkeit für unseren Esel. Mehr nicht. |
| Mitarbeiter: | Das tut mir leid. Bethlehem ist seit einer Woche ausgebucht. Ihren Esel können Sie bestimmt bei dem Landwirt dort unterstellen. Oder nicht, Simon? |
| Simon: | Doch, doch, der Esel kann zu meinem Ochsen in den Stall. |
| Mitarbeiter: | Gut, aber für Ihre Frau und für Sie haben wir leider keinen Platz mehr. |
| Josef: | Keinen Platz mehr!!? Aber meine Frau ist schwanger. Wahrscheinlich kommt heute noch das Kind. Können Sie nicht noch einmal nachsehen? |
| Mitarbeiter: | Ich guck noch mal. *(sieht im Laptop nach)* Wie ich schon sagte: Es ist überhaupt nichts mehr frei. Ich kann nichts für Sie tun. Tut mir leid! |
| Josef: | Na dann, trotzdem danke! |

*Josef geht niedergeschlagen zu Maria. Der Landwirt kommt hinterher.*

| | |
|---|---|
| Josef: | Maria, sie haben gar nichts mehr frei. Was machen wir nur? |
| Simon: | Entschuldigung! Ich habe das gerade eben mitbekommen. Ich habe leider auch kein Zimmer für euch. Aber ich hab ja den Stall für den Esel. Das ist ein wirklich geräumiger Stall. Den könnte ich euch anbieten. |
| Maria: | Danke sehr! Hauptsache, das Baby muss nicht unter freiem Himmel zur Welt kommen. Wir kommen gerne mit. |

*Maria, Josef, der Esel und Simon gehen zum Stall. Ottokar Ochse steht auch dort.*

| | |
|---|---|
| Maria: | Das ist doch ganz schön hier. Vielen Dank, Simon! |
| Josef: | Ja, vielen Dank! |
| Simon: | Alles Gute für euch beide! Ich geh mal wieder. Wenn ihr etwas braucht: Ich bin im Nachbarhaus. |

*Simon geht.*

| | |
|---|---|
| Ottokar O.: | Hallo Emil, herzlich willkommen in Bethlehem! Theodora hat mir schon erzählt, was du alles auf dich genommen hast. Wie geht's dir denn? |
| Emil E.: | Ja hallo, Ottokar! Es geht wieder. Die Entzündung ist raus aus dem Fuß. Nun bin ich nur noch müde. Schön, dass wir hier bei dir im Stall Unterschlupf bekommen haben. Gibt es sonst was Neues? |
| Ottokar O.: | Ja, wir sind fast alle hier. Theodora hat Sieglinde Schaf in einer hiesigen Schafherde getroffen. Sie ist einfach aus Ägypten weggelaufen, damit sie auch dabei sein kann. Vielleicht sehen wir die beiden in den nächsten Tagen noch. Dann können wir ja gleich noch ein Geheimbund-Treffen machen. Nur Kasimir ist natürlich wieder nicht da. Aber das ist ja immer so. |

## 6. Szene: Auf dem Feld

*Theodora sitzt bei Sieglinde auf dem Feld. Zwei Hirten sind auch dabei.*

| | |
|---|---|
| Theodora T.: | Super, Sieglinde, dass du es auch bis hierher nach Bethlehem geschafft hast! Ich bin gespannt, was jetzt noch alles passiert. |
| Sieglinde S.: | Ich bin froh, dass ich dabei bin. Lass uns mal bei den Hirten ein bisschen zuhören! |
| Hirte 1: | Was für eine schöne Nacht! Es ist nicht zu kalt. Die Sterne scheinen klar am Himmel. Irgendetwas passiert heute noch. |
| Hirte 2: | Ja, irgendetwas liegt in der Luft! Aber was? |
| Hirte 3: | Die Tiere sind auch so aufgedreht. Ob die wohl irgendetwas aushecken? |

*Gabriel steht plötzlich vor den Hirten – sie springen auf.*

| | |
|---|---|
| Sieglinde S.: | Sieh mal, Theo! Das ist doch Usiel, der Engel, und noch ein anderer dazu. |
| Theodora T.: | Nicht Usiel, sondern Gabriel. |
| Sieglinde S.: | Sag ich doch: Gabriel. |

*Beide winken. Gabriel winkt zurück.*

| | |
|---|---|
| Rafael: | Seid gegrüßt, ihr Hirten! Friede sei mit euch! |
| Hirte 1: | Friede auch mit euch! Wer seid ihr? |
| Hirte 2: | Oder **was** seid ihr? |
| Hirte 3: | Seid ihr vielleicht Vögel oder Reptilien? |
| Rafael: | Nichts dergleichen! Haben wir etwa Flügel wie die Vögel oder kriechen wir wie die Reptilien auf der Erde herum?! Nein, wir sind Engel! |
| Hirte 3: | Engel? – Gibt's die nicht nur im Märchen? |
| Rafael: | Nein, uns gibt es wirklich! Wir kommen direkt aus dem Himmel zu euch – direkt von Gott. |
| Gabriel: | Genau! Aber wir haben uns ja noch gar nicht vorgestellt: Das ist Rafael und ich bin Gabriel. Wir sind Boten Gottes. Gott hat eine gute Nachricht für euch. Er schickt euch Menschen, also auch euch Hirten, einen Retter. Sein Sohn Jesus ist heute geboren worden. |
| Hirte 1: | Echt, wo denn? |
| Gabriel: | Hier in Bethlehem – im Stall von Bauer Simon. Den kennt ihr doch? |
| Hirte 2: | Meinst du Simon, den Sohn des Matthäus? |
| Hirte 3: | Oder meinst du Simon, den Mann von Martha? Den mit dem großen Stall? |
| Rafael: | Wir meinen den zweiten Simon, über dessen Stall gerade ein großer Stern leuchtet. |
| Hirte 3: | Oh! Der ist ja echt riesig! Komisch, dass der mir noch nie aufgefallen ist. |
| Gabriel: | Wie wäre es, wenn ihr zum Gratulieren dorthin geht?! Die Eltern würden sich bestimmt sehr freuen. |
| Hirte 1: | Wir haben aber gar nichts, was wir mitbringen können. |
| Gabriel: | Ich denke, das macht nichts. Die Eltern werden sich |

|              | auch so freuen. Außerdem wollen auch noch drei weise Männer aus dem Morgenland kommen. Die werden bestimmt Geschenke mitbringen: vielleicht Gold, Weihrauch und Myrrhe. Aber ich habe gehört, dass sie Verspätung haben. Deswegen ist es umso wichtiger, dass ihr euch schnell auf den Weg macht. |
|---|---|
| Hirte 2: | Okay, wir gehen gleich los! |
| Sieglinde S.: | Und wir beide kommen mit. |

*Schaf, Taube und die Hirten machen sich auf den Weg zum Stall.*

## 7. Szene: Stall
*Die Hirten und die Tiere sind kurz vor dem Stall.*

| Hirte 1: | Sieh mal, wir sind gleich da! Der Stern macht den Stall ja ganz hell. |
|---|---|
| Hirte 3: | Es sieht wunderschön aus. |
| Hirte 2: | Das sieht aus, als hätte Gott ein Zeichen gesetzt, damit auch andere Menschen den Stall finden. |

*Kasimir kommt angelaufen (wieder außer Atem).*

| Kasimir K.: | Puh, gerade noch geschafft! Hallo Sieglinde, hallo Theodora! |
|---|---|
| Theodora T.: | Mensch, Kasimir! Schön, dass du es noch geschafft hast! Wir wollten gerade in den Stall reingehen. |
| Sieglinde S.: | Aber wolltest du denn nicht diese Könige aus dem Morgenland mit den Geschenken mitbringen? |
| Kasimir K.: | Oh, das ist eine lange Geschichte. Die sind vielleicht langsam und unentschlossen! Die wollten tatsächlich erst einmal bei König Herodes vorbeigucken, bevor sie hierher nach Bethlehem kommen. Da bin ich ausgerissen und direkt hierher gelaufen. Die drei Weisen werden bestimmt erst am 6. Januar hier auftauchen. |
| Sieglinde S.: | Oh, sieh mal! Die Hirten sind schon zu Maria und Josef hineingegangen. Und Maria hat das Baby auf dem Arm. Das sieht richtig süß aus. Lass uns auch reingehen! Wir können uns dann ja zu Ottokar und Emil stellen. |

| | |
|---|---|
| Theodora T.: | Ja, lass uns gehen! |

*Die drei Tiere gehen in den Stall.*

| | |
|---|---|
| Ottokar O.: | Schön, dass ihr es auch hierher geschafft habt! |
| Emil E.: | Ja, da hat unser TGB endlich mal eine richtig große Aufgabe gemeistert. Eigentlich können wir uns alle mal kräftig auf die Schultern klopfen. |
| Kasimir K.: | Statt uns auf die Schultern zu klopfen, könnten wir uns auch etwas wünschen: Wie wäre es mit: Frohe Weihnachten? |
| Theodora T.: | Das ist eine gute Idee: Also: |
| Alle: | Frohe Weihnachten! |

## Predigt

Liebe Gemeinde,

in unserem Krippenspiel sagt die Tierärztin: „Ich helfe gerne, wenn Tiere in Not sind." Sie findet den Riesendorn, verbindet den Esel und Maria und Josef können pünktlich zum 24. Dezember in Bethlehem ankommen. Dort gibt es die Bäuerin Simone, die gerade noch den Stall frei hat und ihn Maria und Josef als Nachtlager anbietet.

So kann Jesus, wie es geplant war, in Bethlehem im Stall geboren werden.

Wie schön, dass die Tierärztin und Simone so hilfsbereit sind, wer weiß, wie unsere Geschichte sonst ausgegangen wäre.

Natürlich kommen weder Simone noch die Tierärztin noch Kasimir Kamel und die anderen Tiere wirklich in der Bibel vor. Aber ich kann mir schon vorstellen, dass Maria und Josef Hilfe hatten, sonst hätte die hochschwangere Maria es wohl überhaupt nicht bis Bethlehem geschafft.

Was wäre wohl, wenn Maria und Josef keinen Platz mehr gefunden hätten, nicht einmal mehr in einem Stall?

Was wäre, wenn sie es gar nicht nach Bethlehem geschafft hätten? Wenn Jesus vielleicht unterwegs, unter freiem Himmel geboren worden wäre? Im Stall ist es ja nicht schön, aber es ist gut gegangen.

Unter freiem Himmel wäre es vielleicht anders gewesen.

Was wäre dann? Wenn Jesus nicht geboren worden wäre und nicht überlebt hätte? Wenn Gott nicht in Jesus Mensch geworden wäre?

Wir hätten nicht erfahren, wie sehr Gott uns liebt. Wir hätten nicht erfahren, dass er uns so sehr liebt, dass er uns von aller Schuld befreien will. Wir hätten nicht erfahren, dass mit Jesus ein neues himmlisches Reich angebrochen ist, das in der Ewigkeit vollendet werden wird. Wir hätten nicht erfahren, dass Gott uns durch unser Leben begleitet.

Wir könnten heute nicht Weihnachten feiern – und wir würden keine Geschenke bekommen. Eine traurige Vorstellung.

Aber Gott hat dafür gesorgt, dass alles gut ausgeht, dass Jesus in Sicherheit im Stall geboren wurde. Gott hat für sein Kommen in die Welt gesorgt – und ein paar Menschen, ob nun Tierärztin oder Bäuerin oder ganz andere nette Menschen, haben bestimmt mitgeholfen.

Gut ist es auch, dass die Engel gleich den Hirten Bescheid gesagt haben, dass der Retter geboren worden ist. Sie konnten ihn sehen und danach die gute Nachricht weitersagen.

Liebe Gemeinde, „Was wäre, wenn ...?" können wir uns heute auch oft fragen. Was wäre, wenn Menschen, die in unser Land kommen und um Hilfe bitten, freundlich und ohne Vorurteile empfangen werden? Was wäre, wenn die Menschen in Deutschland und Europa ihr Herz weit machen und gerne helfen? Was wäre, wenn viel mehr Leute mutig die Gute Nachricht Gottes weitersagen – davon, dass Jesus, der Retter, geboren wurde, um uns ein freies Leben zu schenken?

Für die meisten Menschen in Deutschland, für die meisten von uns ist es ja gar keine Frage: „Wir helfen gern, wenn Menschen in Not sind." Doch dürften es ruhig noch ein paar Menschen mehr sein. Und es dürften auch mehr Menschen sein, die eben die gute Botschaft der Liebe Gottes verkünden.

Wenn noch mehr Menschen hilfsbereit wären und wenn noch mehr Menschen die Liebe Gottes weitersagen, dann wird ein bisschen mehr von der Freude und dem Frieden, den die Engel auf dem Feld verkündet haben, auf unserer Erde Wirklichkeit.

Liebe Gemeinde, wir dürfen Weihnachten feiern und es ist eine wunderbare Botschaft, die die Engel in die Welt tragen: Jesus wird geboren, Gott kommt zu uns Menschen, weil er uns liebt – jede und jeden von uns. „Ich helfe gern, wenn Menschen in Not sind", hätte auch Gott sagen können. Denn er kommt zu uns, damit wir getrost und mutig unser Leben leben können, damit wir Frieden haben.

Bei allem Schweren, was unser Leben und auch unsere Welt für uns bereithält, dürfen wir uns über die Geburt Jesu und über Gottes Liebe zu uns freuen. Und die Freude in uns darf strahlen – so hell, dass auch andere diese Freude sehen und sich dann mitfreuen können: unsere

Eltern und Kinder, Freunde und Nachbarn und selbst Menschen, mit denen wir sonst nichts zu tun haben.

Ich wünsche uns allen, dass wir diese Freude tatsächlich am heutigen Heiligabend und an den kommenden Weihnachtstagen spüren können.

Gottes Friede sei mit euch allen.

Amen.

# 4. Hirten in der Heiligen Nacht

## Einführung

Die Hirten Jonas und Matthias sitzen an ihrem Lagerfeuer. Sie sind müde und ärgern sich über ihren Kollegen Michael, der oft zu spät kommt und immer Ausreden erfindet. Auch heute ist er nicht gekommen.

Irgendwie ist ein besonderer Abend: Ihre Schafe haben sich den ganzen Tag seltsam verhalten – sie wollten immer Richtung Bethlehem ausreißen. Und die Hirten selbst haben über Bethlehem einen besonders hellen Stern entdeckt, der vorher noch nicht da war.

Irgendwann kommt Michael doch noch zu ihnen. Er erzählt sofort von seinen Erlebnissen in Bethlehem: Er hat Maria und Josef getroffen, die ihn nach dem Weg gefragt haben. In Bethlehem hat er sie wieder gesehen. Er hat beobachtet, wie sie ein Zimmer suchten, aber weggejagt wurden. Deshalb hat er selbst eingegriffen und ihnen einen Schlafplatz im Stall seines Cousins vermittelt. Dort wurde ein Kind geboren. Er selbst war bei der Geburt ganz in der Nähe und konnte sehen, dass mit der Geburt ein heller Stern über dem Stall aufgegangen ist.

Die Hirtenkollegen halten die ganze Geschichte nur für eine Ausrede für das Zuspätkommen. Doch plötzlich treten ein paar Engel zwischen die Hirten. Sie berichten, dass in Bethlehem Gottes Sohn geboren worden ist, und schlagen den Hirten vor, auch nach Bethlehem zu ziehen. So machen sich die drei auf den Weg.

Im Stall sehen die Hirten das Kind und sind sprachlos vor Freude. Nach einiger Zeit machen sie sich auf den Rückweg. Sie erzählen unterwegs anderen, was sie gesehen haben, und kommen schließlich wieder an ihrem Lagerfeuer an, wo sie endlich ihre ersehnte Ruhe finden.

## Materialliste und technische Hinweise

### Material
- Kostüme
- Stern
- Stall mit Krippe
- Puppe als Jesuskind
- Strohballen
- Lagerfeuer
- 1 Wirtshaus (2. Szene)

### Hinweise
*Aufführung des Krippenspiels in zwei Teilen*
Teil 1: 1. + 2. Szene
Teil 2: 3. Szene

*Verschiedene Spielebenen: Lagerfeuer der Hirten und Maria und Josef*
Michael sitzt in erster Linie bei den Hirten und erzählt ihnen von den Geschehnissen in Bethlehem. Jedoch muss er auch einmal die Handlungsebene wechseln und mit Maria und Josef sprechen. Dazu ist es sinnvoll zwei Bühnen zu haben: eine Bühne, auf der die Hirtenszenen spielen, eine Bühne, auf der die Szenen mit Maria und Josef spielen.

# Das Stück

*Große Rollen:* Jonas, Hirte
Matthias, Hirte
Michael, Hirte

*Mittlere Rolle:* Gabriel, Engel

*Kleine Rollen:* Maria
Josef
ggf. weitere kleine Engel (nur ein Satz)
Erzähler (nur eine Sprechrolle)
Wirt (spricht gar nicht)

**1. Szene: Zwei Hirten am Lagerfeuer**
*Es ist Nacht. Zwei Hirten sitzen auf Strohballen am Lagerfeuer.*
Jonas *(gähnt):* Bin ich müde! War das ein anstrengender Tag!
Matthias: Ja, mir geht's genauso. Ich weiß gar nicht, wie ich heute meine Nachtwache durchstehen soll – willst du die erste Wache machen?
Jonas *(gähnt):* Ich kann auch kaum noch ein Auge aufhalten.
Matthias: Aber ich schaffe das auch nicht! Ich muss dringend schlafen. Na ja, Michael kommt ja gleich. Dann muss er eben die erste Wache machen. Die zweite Wache übernehme ich. Und für die dritte müsstest du dann ja genug geschlafen haben.
Jonas: Ja, das könnte ich wohl schaffen. *(gähnt)* Wo ist Michael überhaupt? Ich habe ihn den ganzen Tag noch nicht gesehen. War er bei dir?
Matthias: Ich weiß nicht, wo er ist. Hoffentlich kommt er zur ersten Wache, sonst haben wir mit der Wache ein Problem.
Jonas: Mal sehen, was Michael diesmal wieder für eine Ausrede hat. Er ist ja selten pünktlich und erzählt dann immer

|            | Märchen, was er alles erlebt hat. Und dann sollen wir immer Verständnis für seine Unpünktlichkeit haben. – Oh, wie ich das hasse! Ich habe keine Lust mehr auf seine Märchen. |
|---|---|
| Matthias: | Du stellst dich an. Ich finde es immer ganz lustig, was Michael so erzählt. Was meinst du, wie langweilig es hier sonst wäre. Auch wenn seine Geschichten viel zu verrückt sind, um wahr zu sein. Mir gefällt das. Aber heute lässt er sich wirklich Zeit ... |

*Stille, man hört ein paar Schafe blöken.*

| Matthias: | Irgendwie sind die Schafe heute seltsam drauf. Sie sind so anders. Ich habe fast das Gefühl, als würden sie sich freuen. |
|---|---|
| Jonas: | Ach! Bei meinen Schafen war es genauso? Heute morgen hoffte ich noch, es würde ein ruhiger Tag werden. Aber nichts ist! Ich liege so unter einem Feigenbaum *(gähnt)*, plötzlich blöken die Viecher in der einen Ecke. Ich renne schnell hin, denke, da ist was ganz Schreckliches passiert. Und was ist? Sie stehen da und grasen, als wäre nichts passiert. – Ich dachte echt, ich spinne. |
|  | Ich stehe also an dem einen Ende der Wiese und sehe plötzlich, wie in einer ganz anderen Ecke fünf oder sechs Schafe wegrennen. Es hat mich fast eine Stunde gekostet, bis ich sie wieder eingeholt hatte. Ich war völlig kaputt. Es war, als hätten sie sich abgesprochen. |
| Matthias: | Schafe, die sich absprechen! Davon habe ich ja noch nie gehört. Du erzählst Geschichten wie Michael. |
| Jonas: | Nein, es stimmt. Völlig außer Atem lege ich mich wieder unter meinen Feigenbaum, strecke mich *(gähnt)* und will mich ein bisschen ausruhen. Da geht das ganze Spiel schon wieder los. Erst auf der einen Seite das Ablenkungsmanöver, dann ein paar ausgeruhte Schafe, die ausreißen. |

*Stille.*

Jonas: Weißt du, was das Komischste war? Die sind alle immer in die gleiche Richtung weggelaufen, als wären sie von etwas gezogen worden. Rate mal, wohin sie wollten!

Matthias: Zur nächsten saftigen Wiese bestimmt. Die Schafe hatten sicherlich Hunger.

Jonas: Nein, die schönen Wiesen lagen in einer anderen Richtung. Sie hatten auch genug zu trinken und Schatten war auch da. Sie wollten alle nach Bethlehem.

Matthias: Bethlehem? Warum das denn? Der Ort ist doch selbst für Schafe langweilig. Jerusalem, das könnte ich ja noch verstehen – aber Bethlehem?!

Jonas: Ich hab's auch nicht verstanden. Aber irgendwie war heute das Licht in Bethlehem auch so komisch. Ich wäre auch fast nach Bethlehem gelaufen, einfach, um mal zu gucken.

Matthias: Wie, das Licht war anders?

Jonas: Irgendwie war das Licht da heller, freundlicher. Ich kann's gar nicht so genau sagen. Schau mal da rüber! Selbst im Dunkeln ist es genauso hell.

*Beide sehen an den Himmel.*

Matthias: Stimmt. Seit wann gibt es denn diesen hellen Stern? Der war doch vorher noch nicht da. Dämmert es etwa schon? Haben wir die ganze Nacht durch geredet? Was soll das nur bedeuten?

## 2. Szene: Neuigkeiten aus Bethlehem

*Während Michael seine Geschichte erzählt, sind im Hintergrund Maria, Josef und der Wirt zu sehen. Michael muss zwischen den Erzählebenen hin und her springen.*

Michael: Moin.

Jonas: Na endlich. Wir warten schon *(gähnt)* seit Stunden auf dich. Ich will jetzt schlafen. Du musst die erste Wache halten.

Michael: Moment, noch nicht einschlafen! Ich möchte euch noch erzählen, was ich heute Unglaubliches erlebt habe.

Matthias: Oh ja, erzähl mal. Was war es diesmal?
Michael: Diesmal ist es anders. Es ist wirklich passiert. Ratet mal, wo ich vorhin war!
Matthias: Hast du eine saftige Wiese gesucht?
Michael: Natürlich nicht, ich bin doch kein Schaf. Ich brauchte auch kein frisches Wasser und keinen Schatten.
Matthias: Na, dann warst du sicherlich in Bethlehem.
Michael *(verblüfft)*: Mensch, das hast du ja schnell erraten. Wie das denn?
Matthias: Ach, weißt du, es wollten heute schon andere Schafe nach Bethlehem.
Michael: Haha – na ja, also ihr wisst ja, dass es meiner Mutter nicht so gut geht. Eigentlich wollte sie nach Bethlehem, einige wichtige Dinge einkaufen. Aber dann hat sie mich gebeten, schnell mal rüberzulaufen.
Jonas: Ach, nur wegen ein paar Einkäufen mussten wir allein die Schafe hüten?!
Michael: Nun, warte mal ab: Ich bin also nach Bethlehem gelaufen. Auf der Straße dorthin habe ich einen Mann und eine Frau gesehen. Ich glaube, sie bekommt ein Baby.

*Maria und Josef gehen nach Bethlehem.*

Michael: Es war nicht mehr viel Zeit bis zur Geburt. Ich lief an den beiden vorbei und dachte noch so bei mir: „In diesem Zustand würde ich nicht mehr auf die Straße gehen." Da sprach auch schon der Mann zu mir:
Josef: He, du da. Sind wir hier auf dem richtigen Weg nach Bethlehem? Meine Vorfahren kommen von dort und wegen der Volkszählung muss ich dahin.
Michael: Ich sagte nur: „Ja klar, einfach geradeaus und in spätestens zwanzig Minuten seid ihr da." Und dann habe ich sie noch gefragt, ob sie denn wissen, wo sie schlafen sollen, denn ich hatte schon gehört, dass Bethlehem gerade ziemlich voll ist. Die Frau antwortete:
Maria: Wir kennen ja gar keinen. Verwandtschaft haben wir dort

|          | auch nicht. Aber wenn die Menschen mich sehen, werden sie ja hoffentlich Mitleid haben und mir ein Bett geben. |
|---|---|
| Michael: | „Ganz bestimmt", sagte ich, „viel Glück dann." Ich rannte los und dachte nur: „Wenn die beiden sich da mal nicht täuschen." |

*Maria und Josef ab.*

Jonas *(ironisch)*: Tolle Geschichte, kann ich jetzt endlich schlafen *(gähnt)*?
Michael:   Die Geschichte ist noch nicht zu Ende.
Matthias:  Ich finde das spannend. Erzähl weiter!
Michael:   In Bethlehem habe ich meine Einkäufe gemacht. Und bog gerade um die Ecke, als ich das Paar an einer Gaststätte sah. Er klopfte gerade an.

*Josef und Maria treten auf. Josef klopft an einem Gasthaus an. Ein Wirt tritt auf.*

Josef:   Bitte, guter Mann. Ihr seid unsere letzte Rettung. Ich heiße Josef. Ich bin Zimmermann in Nazareth. Und das ist meine Frau Maria. Sie bekommt vielleicht diese Nacht noch unser erstes Kind. Können wir heute Nacht bei dir schlafen?
Michael: Die Antwort des Wirtes habe ich nicht verstanden. Er hat undeutlich geschrien und die beiden weggejagt. Da fiel mir ein, dass ein Cousin von mir noch einen alten Stall in Bethlehem hat. Also lief ich zu den beiden hin.

*Michael geht zu Maria und Josef.*

Josef:   Ach, hallo, du bist doch der Hirte, den wir vorhin auf dem Weg getroffen haben. Wir können tatsächlich hier nirgends schlafen. Fällt dir vielleicht noch etwas ein?
Michael: Ja, ich habe einen Cousin, vielleicht könnt ihr bei ihm im Stall schlafen. Ihr müsst nur diese Straße weiter bis zum Ende gehen.
Josef:   Danke.

*Michael geht zurück zu den anderen Hirten.*

Michael: Und dieses seltsame Paar durfte dann tatsächlich im Stall schlafen.
Jonas *(gähnt)*: Schlafen würde ich ja auch gerne.
Michael: Wenn du mir jetzt zuhören würdest, würdest du gleich nicht mehr schlafen wollen. Ich habe sie also zu dem Stall gebracht und wollte gerade weggehen, da rief die Frau:
Maria: Josef, ich glaube, das Kind kommt!!!
Michael: Und dann ging es los. Josef wurde vollkommen nervös. Lief hierhin und dorthin und schrie immer nur:
Josef: Du meine Güte, das Kind wird geboren, du meine Güte, was soll ich nur machen?!
Michael: Maria ging in den Stall. Josef lief rum und ich ging zur Frau meines Cousins und dann halfen wir bei der Geburt.
Matthias: Du warst dabei?!!
Michael: Na ja, äh, nicht ganz. – Ich saß vor dem Stall. Aber ich war fast dabei.
Matthias: Und, war's ein Junge oder ein Mädchen?
Michael: Ein Junge. Joshua oder Jesus oder so. Hab ich nicht so genau verstanden.
Matthias: Ich wusste gar nicht, dass du Kinder so toll findest.
Michael: Dieses Kind schon. Und dann passierte etwas ganz Komisches. Ich kann gar nicht genau sagen, was.
Jonas: Und dafür diese lange Geschichte? *(gähnt)*
Michael: Also, es wurde plötzlich so hell, als wäre ein ganz heller Stern am Himmel, der vorher noch nicht da war. Und irgendwie fühlte ich mich so, so, so friedlich. Ganz komisch!
Jonas: Na ja, ich schlaf jetzt mal – morgen sieht alles wieder ganz anders aus. *(Legt sich hin und fängt an zu schnarchen.)*
Matthias: So ein Dummkopf! Solch eine fantastische Geschichte – und der schläft ein. Es war ja richtig schön und romantisch – passt gar nicht zu dir.
Ich höre dir immer wieder gerne zu. Aber jetzt mal ehrlich, warum kommst du so spät?

Michael: Aber es ist doch die Wahrheit. Es ist alles so geschehen, wie ich es gesagt habe. Wunderbar, friedlich, unbegreiflich! Ich möchte am liebsten gleich noch einmal hinrennen zu diesem Jesuskind. Aber verstehen kann ich das nicht, was da mit mir geschehen ist.

**3. Szene: Engel bei den Hirten**
*Engel treten auf.*
Matthias *(erschrickt):* Hilfe! Bleibt stehen! Wer seid ihr?
Jonas *(wacht auf, gähnt):* Was ist denn jetzt schon wieder los?
Michael: Der Tag fing so gut an und jetzt müssen wir uns gegen Räuber wehren. Los, Jungs, nehmt eure Hirtenstäbe und verteidigt die Schafe!
Gabriel: Friede sei mit euch.
Matthias: Was für ein freundlicher Räuber! – Friede sei auch mit euch. Was wollt ihr hier?
Jonas: Und wer seid ihr überhaupt, dass ihr meinen wohlverdienten Schlaf stört?
Gabriel: Wir sind Engel – Boten Gottes.
Jonas *(stöhnt)*: Noch so eine Geschichte.
Gabriel: Wir sind wirklich von Gott geschickt, um euch eine tolle Neuigkeit zu sagen. Wenn du das gehört hast, wirst du nicht mehr müde sein.
Jonas: Da bin ich mal gespannt.
Gabriel: Vielleicht habt ihr schon gemerkt, dass heute ein ganz besonderer Tag ist.
Matthias: Das kann man wohl sagen: Verrückte Schafe, ein helles Licht aus Bethlehem, Michael erzählt das beste Märchen seit Langem.
Gabriel: Ja, in Bethlehem ist heute ein Kind geboren worden. Es liegt in einer Krippe in einem Stall.
Jonas: Das habe ich heute doch irgendwie schon mal gehört.
Michael: Hab ich's euch nicht gesagt? Diesmal habe ich euch die Wahrheit gesagt.

| | |
|---|---|
| Jonas: | Schon gut, nun lass den Engel doch mal erzählen. |
| Gabriel: | Dieses Kind, das dort geboren wurde, ist nicht nur irgendein Kind. Es heißt Jesus. Und es ist Gottes Sohn. |
| Matthias: | Gott hat einen Sohn? |
| Gabriel: | Ja, Gott selbst ist als Mensch zu euch auf die Erde gekommen. Er ist hier, um euch den Frieden Gottes zu bringen. Er ist der erwartete Retter, der Heiland, auf den ihr Menschen doch schon so lange wartet. |
| Michael: | Deshalb fühlte ich mich so seltsam friedlich, als ich aus Bethlehem kam. |
| Gabriel: | Genau. Jesus ist auf die Erde gekommen, um euch von Gottes Liebe zu erzählen. Denn Gott hat euch lieb – sogar euch kleine müde Hirten. Gott will Frieden mit allen Menschen haben. |
| Jonas: | Ja, das ist ja toll. |
| Gabriel: | Heute ist eine ganz besondere Nacht. Wie wäre es, wenn ihr nach Bethlehem geht und selbst seht, was dort geschehen ist? |
| Jonas: | Ich kann sowieso nicht mehr schlafen – jetzt bin ich hellwach. |
| Matthias: | Aber was machen wir mit den Schafen? |
| Michael: | Ach, die Schafe sind doch auch so aufgeregt, wir nehmen sie einfach mit. |

*Die Hirten erheben sich.*

| | |
|---|---|
| Gabriel: | So, wir müssen wieder los. Macht es gut und freut euch. Und eins noch: |
| alle Engel: | Ehre sei Gott in der Höhe und Friede auf Erden und den Menschen ein Wohlgefallen. Tschüs. |
| Jonas: | Tschüs, ihr Engel – und vielen Dank. |
| Michael: | So Jungs, dann macht das Feuer mal aus und dann: auf nach Bethlehem. |

*Die Hirten machen sich auf den Weg.*

Erzähler: Und die Hirten liefen los. Immer schneller. Und dann kamen sie an. Sie sahen Maria und Josef und das Kind in der Krippe liegen.

Sie wussten gar nicht, was sie sagen sollten. So beeindruckt und ergriffen waren sie. Selbst Michael, der ja schon mal dagewesen war, war begeistert. Es ging ein großer Friede von diesem Kind aus.

Irgendwann mussten sie wieder los. Sie verabschiedeten sich von Maria und Josef, streichelten noch mal das Kind und liefen nach Hause.

Unterwegs trafen sie viele Menschen. Schon von Weitem riefen sie:

Jonas: Freut euch, unser Heiland ist geboren worden!
Matthias: Er ist das Kind in der Krippe in Bethlehem.
Michael: Friede sei mit euch!
Erzähler: Die Menschen wunderten sich sehr. Aber die Hirten liefen zurück auf ihre Wiese. Sie freuten sich und dankten Gott für alles, was sie gehört und gesehen hatten.

*Stille.*

Jonas: Jetzt kann ich endlich in Ruhe schlafen.

# Predigt

Liebe Gemeinde,

„ich bin ja so müde". Das sagt der Hirte Jonas im Krippenspiel immer wieder. Er gähnt ausgiebig und hat sogar eine kurze Zeit geschlafen. Doch zum Schluss vom Krippenspiel wird er hellwach. Er hat Jesus gesehen.

Das ist so ergreifend und aufwühlend für ihn, dass er überhaupt nicht mehr ans Schlafen denkt. Er läuft stattdessen mit den anderen Hirten herum und ruft:

„Freut euch, unser Heiland ist geboren worden! Er ist das Kind in der Krippe in Bethlehem. Friede sei mit euch!" Der Hirte Jonas war von einer tiefen Freude ergriffen, die ihn einfach nicht schlafen ließ.

Für die Eltern ist es etwas Aufregendes und Spannendes, wenn ein Kind geboren wird. So ein neuer Mensch ist ein richtiges Wunder und die Freude über das Kind ist unheimlich groß – so groß, dass man vielen anderen von dieser Freude und von diesem Wunder erzählen möchte.

So kann man verstehen, wenn Maria und Josef noch ganz aufgewühlt sind und dass sie froh sind, trotz dieser Strapazen mit der langen Anreise und der mühsamen Zimmersuche ein gesundes Kind bekommen zu haben.

Doch in der Weihnachtsgeschichte wird von den beiden (nach der Geburt) erstaunlich wenig berichtet – von Maria heißt es in der Bibel: „Sie aber behielt alle diese Worte und bewegte sie in ihrem Herzen."

Maria und Josef sind bestimmt ganz ergriffen von der Geburt und dem ganzen Hirten-Besuch – aber mehr wissen wir nicht über die beiden.

Doch die Hirten, die Maria und Josef bis dahin überhaupt nicht kennen, laufen zum Stall, nachdem die Engel bei ihnen waren. Sie sehen sich Jesus und den Stall an. Und als sie gehen, jubeln sie und müssen ihre Freude in die ganze Welt hinausrufen – obwohl es doch gar nicht ihr eigenes Kind ist, sondern ein fremdes.

Nur ist dieses fremde Kind eben ein ganz besonderes Kind. Es ist nicht nur das Kind eines Paares aus Nazareth, sondern es ist Gottes

Sohn. Mit diesem Sohn Gottes verbinden sie viele Hoffnungen und Wünsche: Dieses Kind ist ein Zeichen der Liebe Gottes und es soll das Leben der Hirten besser machen.

Dieses Kind soll Frieden und Gerechtigkeit bringen. Dieses Kind soll Gott und die Menschen wieder zusammenbringen. Auf das Kind haben die Menschen in Israel schon so lange gewartet und nun ist es endlich da.

Als die Hirten das Kind gesehen haben, werden sie ganz sicher, dass Jesus tatsächlich dieser erwartete Heilsbringer, der Sohn Gottes, ist. Sie bekommen so viel Hoffnung und werden so froh, dass sie es den anderen Menschen einfach weitersagen müssen – und schlafen können sie auf jeden Fall nicht mehr.

Wenn jetzt gleich der Gottesdienst zu Ende ist, denkt wohl auch keiner ans Schlafen. Erst mal müssen ja noch die Kerzen am Weihnachtsbaum angezündet werden, es muss noch gut gegessen werden und natürlich müssen die Geschenke noch ausgewickelt werden. Das sind Dinge, auf die man sich wirklich freuen kann und schlafen kann man später immer noch.

Aber die Geschenke, das Essen und der Weihnachtsbaum sind nicht die einzigen Gründe, warum wir uns heute freuen können.

Denn dieses Kind, dieser Jesus, dessen Geburt nun schon die Hirten so froh gemacht hat, ist auch für uns auf die Welt gekommen. Jesus ist auf die Welt gekommen, um uns, jeder und jedem Einzelnen, den Kleinen und den Großen, zu zeigen und zu sagen:

„Gott liebt die Menschen so sehr, dass er für uns ein Mensch geworden ist. Er ist unser Retter und er bringt Gottes Frieden."

Das ist Gottes weihnachtliche Botschaft. Es ist eine gute Botschaft, die uns froh machen kann.

Ich wünsche uns allen, dass wir von dieser weihnachtlichen Botschaft ergriffen werden, dass wir auch am liebsten wie die Hirten rufen würden: „Uns ist heute der Heiland geboren! Gottes Liebe ist in die Welt gekommen." Ich wünsche Ihnen und euch frohe und gesegnete Weihnachten.

Amen.

# 5. Detektiv-Büro „Drei Könige"

## Einführung

Die drei Detektive Hedwig Balthasar, Harald Caspar und Erwin Melchior sitzen in ihrem Detektiv-Büro, als das Telefon klingelt. Der Anrufer nennt sich Gabriel. Er berichtet von einem Stern am Himmel, der auf einen neuen König hinweist. Er beauftragt sie, den neuen König zu suchen.

So informieren sich die drei Detektive zunächst im Internet, wer zurzeit König in Palästina ist. Es ist der König Herodes und so wollen sie ihn zuerst aufsuchen.

Auf dem Weg treffen sie auf Gabriel, der zwei vorlaute Hilfsengel bei sich hat. Die Detektive erkennen ihren Auftraggeber aber nicht und fragen ihn nach dem Weg nach Jerusalem. Gabriel wundert sich zwar, dass sie nicht nach Bethlehem wollen, weist ihnen aber bereitwillig den richtigen Weg.

Bei Herodes bekommen sie keine hilfreichen Informationen. So müssen sie weitersuchen und ziehen Richtung Bethlehem. Wieder treffen sie wie zufällig auf Gabriel – auch diesmal erkennen sie ihn nicht.

Die Detektive stoßen auf zwei Hirten und kommen mit ihnen ins Gespräch. Die Hirten können ihnen weiterhelfen. Sie erzählen, dass in Bethlehem ein Kind zur Welt gekommen ist. Auch wenn das Kind in einem Stall geboren wurde, soll es doch ein echter König sein, weil es der Sohn Gottes ist. Die Detektive machen sich sofort auf den Weg.

Schon von Weitem können sie den Stall erkennen und überlegen sich, dem Kind als Geschenke Gold, Weihrauch und Myrrhe mitzubringen. Sie gehen in den Stall hinein und werden, als sie das Kind sehen, innerlich ganz hoffnungsvoll.

Sie haben ihren Auftrag erfüllt und machen sich wieder auf den Heimweg. Noch einmal treffen sie auf die Engel und endlich gibt sich Gabriel als Auftraggeber zu erkennen. Die drei Detektive sind so froh darüber, dass sie den neugeborenen König sehen durften, dass sie ihren Lohn zurückgeben möchten – aber Gabriel wehrt ab. Stattdessen gibt er ihnen aber noch einen weiteren Auftrag: Die drei Detektive sollen nun allen Menschen erzählen, dass sie Gottes Sohn gesehen haben und dass nun der Friede Gottes in die Welt gekommen ist.

# Materialliste und technische Hinweise

## Material
- Kostüme
- Stern
- Stall mit Krippe
- Puppe als Jesuskind
- T-Shirts mit Namen der drei Detektive (1. Szene)
- Computer (1. Szene)
- Zeitschrift „Stern von Bethlehem" – *steht zum Ausdruck bereit (am besten: DIN A3, bunt*; 1. Szene)
- Pistole (1. Szene)
- Telefon (1. Szene)
- Schreibblock mit Stift (1. Szene)
- Fladenbrot (5. Szene)
- Gold (6. Szene)
- Weihrauch (6. Szene)
- Myrrhe (6. Szene)

## Hinweise
*Aufführung des Krippenspiels in zwei Teilen*
Teil 1: 1. – 4. Szene
Teil 2: 5. – 7. Szene

## Das Stück

*Große Rollen:* Detektiv Harald Caspar
Detektiv Erwin Melchior
Detektivin Hedwig Balthasar

*Mittlere Rollen:* Engel Gabriel
Hirte Ephraim

*Kleine Rollen:* König Herodes
Hilfsengel Michael
Hilfsengel Rafael
Hirte Sebulon
Maria
Josef

**1. Szene: Im Büro**

*Harald Caspar, Hedwig Balthasar und Erwin Melchior sitzen in ihrem Detektiv-Büro. Alle Detektive tragen ein T-Shirt mit ihrem Namen. Harald Caspar sitzt am Computer und surft im Internet. Hedwig Balthasar liest in einer Zeitschrift („Stern von Bethlehem"), Erwin Melchior spielt mit seiner Pistole. Ein Telefon klingelt.*

Erwin M.: Guten Tag, Sie sprechen mit dem Detektiv-Büro „Drei Könige" – wir lösen jeden Fall! Mein Name ist Erwin Melchior – was kann ich für Sie tun? ...
Sie haben also einen Stern gesehen, ähäm, ja gut, das kann nachts ja mal vorkommen ... *(schreibt auf einem Block)*
Ah, ein Stern, der noch nie vorher am Himmel ... leuchtet besonders hell ... Wann haben Sie diesen Stern zuerst gesehen? ... Vor zwei Tagen, aha. ... Nun, was erwarten Sie denn von uns? ...
Zum Stern gehen? Dort, wo der Stern steht, soll ein neuer König geboren worden sein? Der König in Palästina? Ach

so! Wissen Sie was? Ich glaube kein Wort von dem, was Sie mir da erzählen ...

Sollte ich aber? Warum sollte ich Ihnen glauben? Wer sind Sie überhaupt? Ach, Ihr Name ist Gabriel? Können Sie den Namen buchstabieren? G – A – B – R – I – E – L. Und wo wohnen Sie, Herr Gabriel? Himmelsleiter 17 in 00 000 Himmelstür.

Gut, Herr Gabriel. Sie wissen vielleicht, dass wir das beste Detektivbüro im ganzen Morgenland sind. Meine Kollegen Harald Caspar, Hedwig Balthasar und ich sind aber nicht günstig! Wir nehmen 499 Goldstücke am Tag plus Spesen. Das ist in Ordnung? ... Gut. Dann überweisen Sie bitte einen Vorschuss von 8.000 Goldstücken auf unser Konto bei der Zweistrombank. Sobald das Geld angekommen ist, machen wir uns auf den Weg – wir melden uns! Auf Wiedersehen, Herr Gabriel!

Hedwig B.: Wer war das denn?

Harald C.: Hörte sich alles ein bisschen wirr an.

Erwin M.: Ja, kam mir auch komisch vor. Wir sollen zu einem Stern im Westen. Dort soll ein neuer König geboren worden sein. Da müssen wir hin. Er war auch bereit, jeden Preis zu zahlen.

Hedwig B.: Ein neuer Stern? Komisch – ich habe hier gerade ein Probeheft in der Post gefunden. „Stern von Bethlehem" heißt die Zeitung. Da habe ich auch gelesen, dass in Palästina ein neuer König geboren worden ist. Der soll der Retter der Menschen sein und von Gottes Frieden auf Erden erzählen. Haben die nicht schon einen König in Palästina?

Harald C.: Moment, ich gucke schnell im Internet. ... Aha, gegenwärtiger König in Jerusalem: Herodes. Wird auch Herodes der Große genannt. Scheint recht aggressiv zu sein. Aber auf seiner Homepage steht noch nichts von einem neuen König oder von einem Stern. Bei dem sollten wir zuerst fragen.

|            | Wo ich gerade dabei bin, checke ich auch mal schnell, ob Geld angekommen ist ... Tatsächlich: 8.000 Goldstücke – dem muss es ja echt wichtig sein, diesem Gabriel. |
|---|---|
| Erwin M.: | Okay, ich glaube, dann müssen wir den Auftrag wohl auch annehmen. *(Er steckt seine Pistole ein.)* |
| Hedwig B.: | Erwin, bist du sicher, dass wir deine Pistole brauchen? Wenn dieser Herodes wirklich gewalttätig ist, wird er das überhaupt nicht gut finden. Und wenn dieser neue König ein Friedenskönig ist, wird er wohl kaum Pistolen in seiner Nähe haben wollen. |

*(Erwin steckt die Pistole wieder weg.)*

Harald C.: Los, Kollegen, die Kamele warten.

*Die Detektive gehen aus dem Büro hinaus zu ihren Kamelen.*

## 2. Szene: Erstes Treffen mit den Engeln

*Engel Gabriel und seine Hilfsengel Michael und Rafael treffen auf die Detektive.*

| Harald C.: | Hallo, ihr da! Schick, was ihr anhabt! Wir sind die „Drei Könige" – Detektive aus dem Morgenland. Mein Name ist Caspar, das ist Melchior und das ist Frau Balthasar. Wir sind auf dem Weg nach Jerusalem – zu König Herodes. Könnt ihr uns sagen, ob wir auf dem richtigen Weg sind? |
|---|---|
| Rafael: | Caspar, Balthasar und Melchior – das sind ja komische Namen. |
| Michael: | Haha! Caspar, Balthasar und Melchior spielen Reise nach Jerusalem – wie lustig! |
| Gabriel: | Mensch, Michael und Rafael, nicht immer so vorlaut! Ja, ihr seid auf dem richtigen Weg. Immer dem Stern nach, wie es so schön heißt. Doch wollt ihr nach Jerusalem oder nach Bethlehem? |
| Hedwig B.: | Nach Jerusalem, dort wohnt der König. |
| Gabriel: | Na gut, wenn ihr meint – dann noch eine gute Reise. |
| Erwin M.: | Vielen Dank – tschüs. |

*Gabriel, Rafael und Michael gehen in die eine Richtung, die Detektive in die andere.*

Gabriel: Dann haben sie sich tatsächlich auf den Weg gemacht. Ich hoffe, sie sind wirklich so gut, wie sie behaupten. Und ihr beiden, seid nicht immer so vorlaut! Ihr müsst noch viel lernen, bis ihr richtige Engel seid.

Erwin M.: Wisst ihr was, Kollegen? Diese Stimme ... von dem einen Mann, die kam mir bekannt vor. Als hätte ich sie letztens schon mal am Telefon gehört. Ach, ich weiß es nicht mehr – lasst uns weiterziehen!

## 3. Szene: Bei Herodes

*Herodes sitzt auf seinem Thron und sieht etwas gelangweilt aus. Die Detektive kommen und verbeugen sich vor ihm.*

Herodes: Steht wieder auf! Wer seid ihr und was wollt ihr?

Hedwig B.: Großer König Herodes, wir sind aus dem fernen Morgenland gekommen, um den neuen Friedenskönig auf dieser Welt zu begrüßen. Mein Name ist Hedwig Balthasar und das sind Erwin Melchior und Harald Caspar.

Herodes: Aha, Frau Balthasar also. Wie kommen Sie denn auf die Idee, hier sei ein neuer König geboren worden? Ich bin doch der König hier. Wie neugeboren fühle ich mich wirklich nicht. Friedenskönig hat auch noch keiner zu mir gesagt. Woher habt ihr die Information denn?

Harald C.: Wir geben die Namen unserer Informanten grundsätzlich nicht preis. Aber was wissen Sie denn über einen neuen Stern und über Bethlehem?

Herodes: Bethlehem? Dieses Dorf im Süden? König David soll da ja früher mal gelebt haben. Einen neuen Stern habe ich noch nicht gesehen. *(sehr freundlich; steht auf)* Aber, wisst ihr was, liebe Freunde? Wie wäre es, wenn ihr dort einfach mal hingeht und guckt? Auf dem Rückweg könnt ihr mir ja kurz berichten.

Erwin M.: Vielen Dank, großer Herodes, das machen wir gerne.

### 4. Szene: Zweites Treffen mit den Engeln

*Die Detektive gehen von Herodes weg und treffen auf Gabriel mit den beiden Hilfsengeln.*

Michael: Ach, sieh an! „Reise nach Jerusalem" schon fertig gespielt?
Rafael: Wer hat denn gewonnen?
Gabriel: Michael und Rafael – ihr seid unmöglich! Guten Tag, Frau Balthasar! Guten Tag, Harald Caspar und Erwin Melchior! Wie ist es Ihnen in Jerusalem ergangen?
Harald C.: Guten Tag! Das ist ja ein Zufall, dass wir Sie hier wieder treffen. Wieso kennen Sie unsere Vornamen? Bei unserem ersten Treffen hat Frau Balthasar Ihnen doch nur unsere Nachnamen genannt?
Gabriel: Ähm, na ja, da müssen Sie sich – glaube ich – irren. Nach Bethlehem geht's da lang. Einen schönen Tag noch – komm Michael! *(Gabriel geht, Rafael und Michael im Schlepptau.)*
Michael und Rafael *(singen):* Harald, Erwin und Hedwig — Caspar, Melchior, Balthasar – hahaha.
Gabriel: Seid ihr wohl endlich ruhig!
Hedwig B.: Was war das denn jetzt? – Komische Typen!
Erwin M.: Ja, und diese Stimme kommt mir immer noch sehr bekannt vor.
Harald C.: Na ja, lasst uns einfach weiter nach Bethlehem ziehen.

### 5. Szene: Die Hirten

*Die Detektive gehen weiter und kommen an ein Feld, auf dem die Hirten Ephraim und Sebulon bei ihren Schafen sitzen.*

Hedwig B.: Guckt mal, Jungs! Die Hirten da hinten. Das sieht doch richtig romantisch aus, wie sie auf ihre Schafe aufpassen. Lasst uns mal hingehen! Vielleicht können die uns noch ein paar Neuigkeiten erzählen.
Erwin M.: Gute Idee! Außerdem habe ich Hunger. Vielleicht haben sie ja ein bisschen Brot für uns.

*Die Detektive gehen weiter zu den Hirten.*

| | |
|---|---|
| Harald C.: | Guten Tag, ihr lieben Hirten! Mein Name ist Harald Caspar vom Detektivbüro „Drei Könige" im Zweistromland. |
| Hedwig B.: | Ich bin Hedwig Balthasar. |
| Erwin M.: | Und ich heiße Erwin Melchior. |
| Ephraim: | Guten Tag! Können wir euch helfen? |
| Erwin M.: | Ja, bestimmt. Wir sind heute Morgen von Jerusalem aufgebrochen – und unsere Proviantvorräte waren irgendwie falsch berechnet. |
| Harald C.: | Mit anderen Worten: Wir haben Hunger und leider nichts mehr zu essen. Könnt ihr uns ein bisschen abgeben? |
| Sebulon: | Natürlich! Unsere Frauen haben gerade heute erst frisches Fladenbrot gebacken. Wir teilen gerne mit euch. |

*Sebulon holt Fladenbrot heraus. Sie essen alle ein bisschen.*

| | |
|---|---|
| Ephraim: | Ihr seht so fremdländisch aus. Woher kommt ihr denn? |
| Hedwig B.: | Wir kommen aus dem fernen Zweistromland. |
| Sebulon: | Und macht ihr jetzt Urlaub hier? |
| Erwin M.: | Nein, wir haben einen Auftrag. Wir sollen den neuen König suchen. Er soll unter einem neuen Stern geboren worden sein. Wir waren jetzt schon bei König Herodes, doch der wusste von nichts. Jetzt müssen wir wohl richtige Detektivarbeit leisten, um diesen neuen König noch zu finden. |
| Ephraim: | So schwer ist das gar nicht. Noch zehn Kilometer, dann kommt ihr in das Dorf Bethlehem. Ihr geht ins Dorf hinein und dort in die zweite Querstraße rechts. Das dritte Haus auf der linken Seite hat einen angebauten Stall. Dort werdet ihr den neuen König finden. Wenn ihr noch ein bisschen wartet, könnt ihr schon in der Abenddämmerung den neuen Stern über dem Stall stehen sehen. Er leuchtet heller als alle anderen Sterne. |
| Harald C.: | Ihr wisst ja ganz schön gut Bescheid! |
| Sebulon: | Ja, wir haben den neuen König schon gesehen. |
| Hedwig B.: | Aber ein König kommt doch nicht in einem Stall zur Welt. Er braucht doch einen Palast. |

| | |
|---|---|
| Ephraim: | Dieser König braucht keinen Palast. Seine Mutter ist eine junge Frau, die Maria heißt. Ihr Mann ist ein Zimmermann aus Nazareth mit dem Namen Josef. Wegen der Volkszählung sind sie hier in Bethlehem. |
| Sebulon: | Genau, und sie kamen erst sehr spät hier an, sodass sie kein Zimmer fanden. Dort wurde das Kind Jesus dann geboren. |
| Erwin M.: | Jesus! Und dieser Jesus ist ein König, obwohl seine Mutter eine einfache junge Frau ist und ihr Mann als Zimmermann arbeitet? |
| Ephraim: | Ja, ihr müsst wissen: Jesus ist nicht irgendein König, sondern er ist der Sohn Gottes. Gott selbst ist Mensch geworden, um uns Menschen seinen Frieden zu bringen. Wenn Jesus groß ist, wird er uns allen sagen: „Gott hat euch lieb." |
| Hedwig B.: | Das hört sich wirklich nach einem ganz besonderen König an. Kann man ihn besuchen? |
| Sebulon: | Ja, natürlich kann man ihn besuchen – ihr müsst nur dem Stern folgen. Und seht mal dahinten! Der Stern ist tatsächlich schon aufgegangen. |
| Harald C.: | Ja, dann mal auf, Kollegen! Bringen wir unseren Fall zu Ende. Vielen Dank, ihr Hirten. |
| Erwin M.: | Genau, vielen Dank! Das Brot hat echt gut geschmeckt. |
| Hedwig B.: | Vielen Dank – und tschüs! |
| Ephraim: | Tschüs – oder viel besser: Friede sei mit euch! |
| Sebulon: | Friede sei mit euch. |

*Die Detektive gehen zum Stall.*

### 6. Szene: Bei der heiligen Familie

*Die drei Detektive kommen in Bethlehem an, sehen von Weitem den Stall.*

| | |
|---|---|
| Erwin M.: | Ich glaube, hier ist der Stall, von dem die Hirten gesprochen haben. |
| Hedwig B.: | Stimmt. Mensch, guckt euch mal diesen Stall an! – Wie traurig, dass das Kind keinen ordentlichen Raum mit einem ordentlichen Kinderbett hat. |

Harald C.: Sagt mal: Wenn man eine Familie besucht, die gerade ein Kind bekommen hat, bringt man nicht irgendwelche Geschenke mit?
Erwin M.: Du hast recht. Lasst uns mal in unseren Taschen nachsehen ...
Ich habe noch einige Goldstücke bei mir.
Hedwig B.: Ich habe in Jerusalem etwas Weihrauch gekauft.
Harald C.: Und ich habe hier noch etwas Myrrhe.
Hedwig B.: Dann können wir jetzt ja in den Stall hineingehen.
*Sie gehen in den Stall hinein.*
Hedwig B.: Guten Abend, wir sind Hedwig Balthasar ...
Erwin M.: ... Erwin Melchior ...
Harald C.: ... und Harald Caspar. Seid ihr Maria und Josef aus Nazareth?
Josef: Ja, genau, das sind wir.
Hedwig B.: Wir haben gehört, dass ihr ein Kind bekommen habt. Ein ganz besonderes Kind.
Maria: Richtig, unseren Sohn Jesus. Wir hatten leider kein Kinderbettchen, deshalb haben wir diese Futterkrippe genommen. Kommt doch näher, dann könnt ihr Jesus auch mal sehen.
Erwin M.: Oh, sieht der noch klein und süß aus!
Harald C.: Und du, Kleiner, bist also Gottes Sohn und bringst uns Gottes Liebe und Gottes Frieden?
Hedwig B.: Was bin ich froh, dass wir zu dir kommen durften! Ich fühle mich schon gleich viel friedlicher und hoffnungsvoller.
Erwin M.: Ja, es ist so ein warmes Gefühl, das ich habe. Es ist wirklich ein bedeutendes Kind, das hier in der Krippe liegt.
Maria: So, unser Kleiner soll noch ein bisschen schlafen. Guckt gerne noch einmal in die Krippe, kommt dann aber wieder mit nach vorne!
*Sie gehen nach vorne zu Josef.*

Harald C.: Vielen Dank, Maria, vielen Dank, Josef, dass wir euer Kind, den Friedenskönig, sehen durften. Wir können uns jetzt fröhlich auf den Heimweg machen.
Erwin M.: Wir haben euch auch noch etwas für Jesus mitgebracht – ihr könnt es bestimmt gebrauchen: Gold, Weihrauch und Myrrhe.
Josef: Vielen Dank! Ihr beschenkt Jesus ja wie einen kleinen König. Friede sei mit euch!
Drei Detektive: Friede sei mit euch!
Maria: Friede sei mit euch! Und einen guten Heimweg!

**7. Szene: Drittes Treffen mit den Engeln**
*Die drei Detektive machen sich auf und gehen vom Stall weg. Nach einiger Zeit treffen sie auf die Engel.*
Hedwig B.: Ich bin so froh, dass wir diesen Auftrag angenommen haben. Eigentlich möchte ich gar kein Geld von diesem Gabriel bekommen. Es ist schon Lohn genug, dass wir Jesus sehen durften.
Harald C.: Wir sollten uns jetzt beeilen. Wir müssen ja noch kurz bei Herodes in Jerusalem vorbei, um ihm zu berichten, und dann ab nach Hause ins Büro.
Erwin M.: Ach, seht mal, wer da kommt!

*Gabriel und Michael treten auf.*
Michael: Ach, schon wieder eine Reise nach Jerusalem!
Rafael: Das muss ja richtig Spaß machen – ihr bekommt wohl nie genug davon.
Gabriel: Michael und Rafael! Wie oft habe ich euch gesagt, dass ihr nicht so frech sein sollt! Hallo, habt ihr gefunden, wonach ihr gesucht habt?
Harald C.: Ja, wir haben in Bethlehem im Stall ein Kind gefunden. Den neuen Friedenskönig, der gekommen ist, um allen Menschen Gottes Liebe zu bringen.

| | |
|---|---|
| Gabriel: | Dann habt ihr euren Auftrag erfolgreich zu Ende gebracht? |
| Hedwig B.: | Unseren Auftrag zu Ende gebracht? – Woher weißt du von unserem Auftrag? |
| Erwin M.: | Jetzt weiß ich es, du musst Gabriel sein! Der Gabriel, der uns angerufen hat und uns den Auftrag erteilt hat, hierher zu kommen. Wir sind dir so dankbar, dass wir zu Jesus kommen konnten – eigentlich brauchen wir keinen Lohn mehr von dir. |
| Gabriel: | Ach, lasst mal! Das Geld habe ich schon auf euer Konto überweisen lassen. |
| Erwin M.: | Danke! Doch wie kommt es, dass wir euch auf unserem Weg so oft getroffen haben? |
| Rafael: | Rate doch mal ... |
| Michael: | Genau, dreimal darfst du raten ... |
| Gabriel: | Es ist ganz einfach. Wir sind Engel – Boten Gottes. Ich bin Gabriel und das sind meine Engelsschüler Michael und Rafael. |
| | Es ist gut, dass ihr hierhergekommen seid und nicht zu Herodes gegangen seid. Ich habe jetzt nämlich einen neuen Auftrag: Geht wieder zurück in eure Heimat und erzählt allen Menschen, dass ihr Gottes Sohn gesehen habt und dass jetzt Gottes Frieden auf die Welt gekommen ist. |
| Hedwig B.: | Das machen wir gerne. |
| Gabriel: | Und nun macht euch auf den Heimweg: Friede sei mit euch! |
| Drei Detektive *(etwas lauter zur Gemeinde):* | Friede sei mit euch und frohe Weihnachten! |

## Predigt

Liebe Gemeinde,

„folgt dem neuen Stern, der am Himmel erschienen ist, und sucht dort den neugeborenen König!" Mit diesem Auftrag schickt der Engel Gabriel die drei Detektive Caspar, Balthasar und Melchior los. Und tatsächlich machen sie sich auf den Weg.

Sie haben ganz genaue Vorstellungen – und sind von diesen Vorstellungen gefangen. Sie wissen, wo Könige geboren werden. Zumindest glauben sie es. Ein König muss natürlich in einem Palast zur Welt kommen – dort, wo die Mächtigen der Welt zu Hause sind. Deshalb gehen sie erst einmal nach Jerusalem zu König Herodes. Doch der weiß natürlich von nichts.

So müssen sie sich wieder auf den Weg machen und etwas genauer hinschauen. Mit Hilfe der Hirten und des Sterns kommen sie endlich bei dem neugeborenen König an, der aber eben nicht im Palast, sondern in einem Stall liegt.

Doch Hauptsache sie haben ihn gefunden und sie merken sofort: Es tut gut, bei Jesus zu sein. Er ist ein König, der anders ist als alle andere Könige – ein König ohne Krone, ohne Diener, ohne Pracht und Prunk. Er ist ein einfacher König – ein Mensch wie du und ich.

Das ist das Besondere an Weihnachten: Gott kommt auf die Welt. Er kommt zu den Menschen. Aber er kommt so, dass auch die einfachen Menschen etwas von ihm haben: Sie können ihm nahe sein. Sie können ihn sogar anfassen.

Später, als er größer ist, können sie mit ihm reden und ihm zuhören. Er wird ihnen von Gott erzählen – davon, dass Gott alle Menschen lieb hat, egal, ob sie groß oder klein sind, egal, ob sie brav sind oder auch mal Mist machen, egal, ob sie klug oder noch klüger sind, egal, ob sie Mädchen oder Jungen, Frauen oder Männer sind. Gott hat die Menschen lieb, so wie sie sind. Das ist seine Botschaft und sie gilt auch für uns: Gott hat uns lieb, so wie wir sind.

Mit Weihnachten, mit dem kleinen Kind in der Krippe, kommt diese Botschaft in die Welt. Das haben auch die drei Detektive gespürt (die nach der Bibel übrigens keine Detektive, sondern nur kluge Männer aus dem fernen Morgenland gewesen sind), als sie bei Maria und Josef standen und auf Jesus geguckt haben.

„Folgt dem Stern und sucht den neugeborenen König!" Die Detektive wurden mit einem Auftrag losgeschickt und kamen reich beschenkt nach getaner Arbeit zurück.

Das Geld, das sie bekommen hatten, war ihnen gar nicht mehr so wichtig. Viel wichtiger für sie war, dass sie Jesus, also Gottes Sohn, gesehen haben.

Wir müssen heute nicht mehr losziehen, um Jesus zu finden. Wir können es auch gar nicht – zumindest nicht so, wie die Detektive losgezogen sind. Jesus liegt nicht mehr in der Krippe. Er ist auch kein sichtbarer, anfassbarer Mensch. Aber doch glauben wir, dass Jesus noch da ist, dass wir zu ihm beten können und dass er dabei ist, wenn wir unser Leben leben.

Wir können ihn nicht suchen, indem wir einem Stern hinterherlaufen. Aber es ist möglich, dass wir uns innerlich immer wieder auf die Suche nach ihm machen.

Wir können uns an die Geschichte, die damals in Bethlehem passiert ist, erinnern – genauso wie wir es heute im Gottesdienst machen. Und dann erfahren wir, dass Jesus nicht nur für die Menschen damals auf die Welt gekommen ist, sondern auch für uns, die wir hier heute Gottesdienst feiern.

Die Detektive, also die Männer aus dem Morgenland, und auch die Hirten haben erfahren, dass Gott sie so mag, wie sie sind.

Genauso ist es mit uns heute: Wenn wir hier in unsere Krippe sehen, sehen wir natürlich nur eine Puppe. Aber dieses ganze Krippenspiel steht dafür, dass Gott auch für uns Mensch geworden ist – dafür, dass Jesus auch für uns geboren wurde und auf die Welt gekommen ist, damit wir erfahren, dass Gott ein guter Gott ist, der uns nahe sein will, der uns Frieden und seine Liebe schenken will.

Ich wünsche uns allen, dass wir immer wieder am Ende unserer Suche bei Jesus ankommen – und Gottes Liebe spüren.

Amen.

# 6. Nachrichten aus Bethlehem

**Einführung**

In diesem Stück begleitet die Reporterin Friederike die verschiedenen Ereignisse rund um Jesu Geburt: Als in Bethlehem der lang erwartete Messias geboren wird, ist sie live vor Ort. Sie hat den Zimmermann Josef mit seiner Frau Maria im Rahmen einer Handwerker-Doku begleitet und steht nun, am Abend der Geburt Jesu, vor dem Stall und stellt Ausschnitte aus den vergangenen Sendungen vor.

Im ersten Ausschnitt, neun Monate zuvor, interviewt Friederike Josef zu seinen Erfahrungen als Handwerker und trifft zum ersten Mal auf Maria. Das Interview wird plötzlich durch den Engel Gabriel unterbrochen, der Maria die Nachricht von ihrer Schwangerschaft überbringt.

Der nächste Ausschnitt spielt sechs Monate später. Friederike befragt gerade Josef und Maria, als eine Sondersendung aus Rom dazwischenkommt: Kaiser Augustus gibt eine Pressekonferenz und kündigt eine Volkszählung an. Dafür muss jede Familie in die Stadt der Vorväter gehen. Maria und Josef sind erschüttert, weil das für sie bedeutet, dass sie sich auf den weiten Weg nach Bethlehem machen müssen.

Drei Monate später ist Friederike in Bethlehem und interviewt die Wirtin Rebecca. Gerade da kommen Maria und Josef in Bethlehem an. So kann Friederike beobachten, wie die beiden erfolglos auf

Zimmersuche gehen. Rebeccas Tochter Johanna hat aber die rettende Idee, dass Maria und Josef in ihrem Stall unterkommen können. Dort wird Jesus geboren.

Nach einer kurzen Werbeunterbrechung besucht Friederike eine Hirtengruppe auf einem Feld vor Bethlehem. Die Hirten erzählen Friederike vom harten Hirtenalltag, als Gabriel auftaucht und die Nachricht von der Geburt Jesu überbringt.

So begibt sich Friederike wieder nach Bethlehem. Sie möchte gerade die Moderation beenden, als noch eine Live-Schaltung ins ferne Morgenland erfolgt. Dort werden drei Wissenschaftler interviewt, die davon berichten, dass ein besonderer Stern aufgegangen ist, der auf die Geburt eines besonderen Kindes hinweist. Vor laufender Kamera beschließen sie, auch nach Bethlehem zu ziehen.

Nun kann Friederike ihre Reportage abschließen und wünscht den Zuschauern frohe Weihnachten.

# Materialliste und technische Hinweise

## Material
- Kostüme
- Stern
- Stall mit Krippe
- Puppe als Jesuskind
- Beamer
- 3 Videokameras
- In-Ear-Kopfhörer („Knopf im Ohr")
- Rednerpult (4. Szene)
- 3 Wirtshäuser (5. Szene)

## Hinweise
*Aufführung des Krippenspiels in vier Teilen*
Teil 1: 1. – 3. Szene
Teil 2: 4. Szene
Teil 3: 5. Szene
Teil 4: 6. – 9. Szene

*Vorführung eines kurzes Videos*
Die größte technische Herausforderung des Stückes ist die Vorführung einer Nachrichtenmeldung über einen Beamer. Diese Szene ist vorher auf Video aufzunehmen und muss während des Krippenspiels per Beamer gezeigt werden. Hier ist jeweils vor Ort zu beurteilen, ob die technischen Möglichkeiten gegeben sind und wo ein geeigneter Ort ist, um eine Leinwand zu positionieren, damit möglichst viele Gottesdienstbesucher die kurze Video-Sequenz sehen können.

## Das Stück

*Große Rollen:*   Friederike, Reporterin
Rebecca, Wirtin
Josef, Zimmermann aus Nazareth

*Mittlere Rollen:*   Maria, Josefs Frau
Gabriel, Engel

*Kleine Rollen:*   Nachrichtensprecher
Berthold, Reporter
Simone, Reporterin
Hanno, Kameramann
Malte, Kameramann
Oliver, Zimmermannsgehilfe
Linus, Kameramann
Augustus, Kaiser
Elisabeth, Wirtin
Simon, Wirt
Johanna, Tochter der Wirtin Rebecca
Rahel, Hirtin
Levi, Hirte
Judith, Hirtin
Ruth, Hirtin
Michael, Engel
Samuel, Engel
Rafael, Engel
Melchior, Weiser aus dem Morgenland
Balthasar, Weiser aus dem Morgenland
Kaspar, Weiser aus dem Morgenland

**1. Szene: Tagesschau**
*Es ertönt das Tagesschau-Jingle, danach erscheint über den Beamer ein Nachrichtensprecher (im Hintergrund ein Foto vom Stall in Bethlehem).*

Nachrichtensprecher: Guten Abend, meine Damen und Herren. Bethlehem. Wie übereinstimmende Agenturmeldungen berichten, ist am heutigen 24. Dezember der lang erwartete Messias in Bethlehem geboren worden. Maria aus Nazareth ist in den letzten Tagen mit ihrem Mann Josef wegen der Volkszählung dort angekommen. Da die beiden jedoch kein Hotelzimmer mehr gefunden haben, liegt der Sohn Gottes nun in einer einfachen Futterkrippe.
Wir schalten nun direkt nach Bethlehem zu unserer Reporterin Friederike Janssen – Friederike, was ist bei euch in Bethlehem los?
*Beamer aus.*

## 2. Szene: Vor dem Stall

*Friederike steht vor dem Stall in Bethlehem – ihr Kameramann Hanno verfolgt sie mit der Kamera.*

Friederike: Oh Mensch, Hanno, Wahnsinn, dass wir das heute erleben dürfen! – Sitzen meine Haare ordentlich?
Hanno: Perfekt.
*Friederike fasst sich an ihren Knopf im Ohr.*
Friederike: Ah, ich höre, wir sind schon auf Sendung. – Ja, liebe Zuschauer in Norddeich, es sind unglaubliche Szenen, die sich hier heute in Bethlehem abspielen. Engel erscheinen, Sterne leuchten auf, Hirten sind aufgeregt und ein Kind wird in einem Stall geboren. Und es ist nicht irgendein Kind – es ist Jesus, Gottes Sohn.
Wie Sie vielleicht wissen, habe ich Maria, die Mutter des Kindes, im Verlauf der letzten Monate begleitet. Sehen wir mal die wichtigsten Szenen aus diesem Jahr an, die zu diesem großartigen Ereignis geführt haben. Wie gesagt, es begann vor ungefähr neun Monaten bei Maria in Nazareth.

## 3. Szene: Friederike bei Maria

*Friederike, Hanno (mit Kamera), Maria und Josef stehen zusammen.*

Friederike *(spricht zunächst in die Kamera)*: Verehrte Zuschauer, „Komm, bau ein Haus: Die Handwerkerdoku im Norddeich-Fernsehen" – so heißt unsere Reihe, in der wir von jungen Menschen aus unserem Land berichten möchten. Wie steht's mit den Chancen für junge Männer im Bauhandwerk? Dieser Frage werden wir in den nächsten Monaten nachgehen.
*(Sie dreht sich zu Maria und Josef.)*
Heute beginnen wir in Nazareth bei Josef, dem Zimmermann, und bei seiner Freundin Maria. Moin.

Josef: Moin.

Friederike: Josef, du bist hier in Nazareth Zimmermann – seit wann machst du das?

Josef: Ähm, ja also, mein Vater war schon Zimmermann und so bin ich da natürlich reingewachsen. Vor zwei Jahren ist mein Vater gestorben und seitdem bin ich Geschäftsführer. Ich habe drei Mitarbeiter und ich kann Ihnen sagen: Wir haben alle Hände voll zu tun. Tja, und wenn man nicht ständig dabeisteht und alles selbst macht, klappt's doch nicht so richtig.

Friederike: Das stelle ich mir ziemlich hart vor. – Ist denn dabei noch Zeit für die Liebe?

Josef: Gute Frage, ein bisschen Zeit ist schon noch. Maria kenn' ich schon seit fünf Jahren – wir wollen auch bald heiraten.

Friederike: Dann seid ihr beiden ja verlobt – herzlichen Glückwunsch!

Maria: Danke. Ich freue mich ja so auf die Hochzeit.

Friederike: Und dann: kleine Zimmermannskinder bekommen?

Maria: Ich liebe Kinder. Ich hätte am liebsten sofort welche …

Josef: Ja, Kinder wären schon toll, aber ich möchte erst einmal ganz sicher sein, dass die Firma wirklich sicher dasteht.

|  | Ich denke, wir sollten noch ein paar Jahre mit Kindern warten. |
|---|---|

*Einer von Josefs Zimmermannsgehilfen, Oliver, kommt dazu.*

| Oliver: | Äh, Josef, entschuldige, dass ich störe, aber wir haben wieder Probleme auf der Baustelle. Kannst du kurz einmal kommen? |
|---|---|
| Josef: | Klar! Entschuldigung, so ist das eben in dem Beruf. Tschüs. |

*Josef geht ab.*

| Friederike: | Ja, liebe Zuschauer, das ist Handwerk live – immer etwas zu tun, immer im Stress. Aber gut, dann haben wir eben ein bisschen Zeit für die Zimmermannsfrau. Maria, wie kommst du … |
|---|---|

*Plötzlich steht Engel Gabriel im Zimmer.*

| Gabriel: | Friede sei mit dir, Maria. Ich habe eine gute Nachricht für dich. |
|---|---|
| Friederike: | Moment mal, wir sind hier mitten in einem Interview. Kannst du nicht nachher wiederkommen? |
| Gabriel: | Ich bin Gabriel, ein Bote – nein, der wichtigste Bote Gottes. Ich habe für Maria eine Nachricht von Gott. Du bist jetzt mal ruhig – am besten wäre es, wenn du dich dahinten in die Ecke stellst. |
| Friederike *(geht mit Hanno in die Ecke, ist ein bisschen sprachlos)*: | Na, so etwas habe ich ja noch nie erlebt. Hanno, lass auf jeden Fall die Kamera laufen! |
| Hanno: | Klar, mach ich. |
| Gabriel: | Okay, also noch mal: Friede sei mit dir! Ich bin der Engel Gabriel und verkünde dir eine gute Nachricht: Du wirst ein Kind bekommen. Du wirst ihn Jesus nennen und er wird der Sohn Gottes sein. Gott wird Mensch, um euch Menschen zu erlösen. |
|  | Tja, das war meine Nachricht, dir alles Gute – ich muss dann mal wieder. |

Maria: Danke, Gabriel, das ist ja eine tolle Nachricht. Ich freu mich so.
*Gabriel geht nach draußen. Friederike und Hanno rennen hinterher.*
Friederike: Entschuldigung, Gabriel, ein paar Fragen habe ich noch.
Gabriel: Ich muss leider weiter – nur ganz kurz.
Friederike: Gut, Gabriel, wie wird man eigentlich Engel?
Gabriel: Komische Frage, ich war schon immer Engel – ich bin nicht erst einer geworden.
Friederike: Aha, und was macht man so als Engel?
Gabriel: Da gibt es ganz verschiedene Aufgaben. Ich bin dafür da, Botschaften von Gott zu den Menschen zu bringen. Ich habe sozusagen den direkten Draht zum Chef. Andere sind eher zum Singen oder Musizieren da.
Friederike: Das hört sich unheimlich spannend an – ob wir da wohl mal eine Reportage machen könnten?
Gabriel: Ich denke, das wird kein großes Problem sein, ich schicke dir mal meinen Kollegen Rafael vorbei. Er ist für unsere Öffentlichkeitsarbeit zuständig – das klappt dann bestimmt. Ich muss aber wirklich weiter. Tschüs.
*Gabriel geht ab.*
Friederike: Komm, Hanno, wir gehen noch einmal zu Maria hinein.
*Friederike und Hanno gehen zu Maria. Diese sitzt auf einem Stuhl.*
Friederike: Maria, das war eine besondere Nachricht! Wie fühlst du dich?
Maria: Ich freu mich ja so auf das Kind! Aber auf der anderen Seite, was wird Josef dazu sagen? Er wollte ja eigentlich noch ein bisschen warten. Na ja, wir kriegen das schon hin.
Friederike: Das wünsche ich euch beiden.
*(Zur Kamera:)* Ja, liebe Zuschauer, das war's für heute Abend. Schalten Sie doch in zwei Monaten wieder ein! Dann besuchen wir einen Töpfer in Jerusalem. In vier Monaten sind wir bei einem Zeltmacher in Tarsus und in spätestens sechs Monaten werden wir sehen, wie es Maria geht.

**4. Szene: Josef und Maria erfahren, dass sie nach Bethlehem müssen**

Friederike: Josef und Maria, vor sechs Monaten hat Gabriel euch gesagt, dass ihr ein Kind bekommt. Wie läuft's denn bei euch?

Josef: Uns geht's gut. Es war ja erst ein kleiner Schreck für mich, aber jetzt freue ich mich auch. Und Maria freut sich ja sowieso.

Maria: Ja, aber langsam wird es auch sehr beschwerlich. Es wird Zeit, dass das Kind endlich kommt.

*Friederike fasst sich an ihren Knopf im Ohr.*

Friederike: Oh, Entschuldigung, ich höre gerade, dass es eine Eilmeldung aus Rom gibt. Wir schalten einmal kurz rüber zu meinem Kollegen Berthold. Na, Berti, was gibt's?

Berthold: Vor einer halben Stunde hörte mein Kameramann Linus im kaiserlichen Palast, dass Kaiser Augustus eine wichtige Pressekonferenz geben würde. Nun sind wir gerade auf dem Weg dorthin.

Linus: Ja. Und wir sollten uns wirklich beeilen.

*Berthold und Linus gehen in den Presseraum.*

Berthold: Ah, da hinten am Rednerpult steht der Kaiser ja schon. Hast du ihn gut drauf, Linus?

Linus: Na klar!

Augustus: Liebe Untertanen, verehrte Damen und Herren von der Presse. Mein Finanzminister hat mir deutlich vor Augen geführt, dass die derzeitige finanzielle Situation nicht mehr haltbar ist. Wenn die Weltwirtschaft nicht ganz zugrunde gehen soll, müssen wir jetzt handeln, und das heißt natürlich: Steuern rauf. Ich habe immerhin auch einen Lebensstandard zu halten.

Daher ordne ich hiermit eine Volkszählung an. Ich will wissen, wie viele Menschen in meinem Reich leben und was sie verdienen, damit wir einen neuen Steuerschlüssel errechnen können.

|            | In spätestens drei Monaten soll die Volkszählung abgeschlossen sein. |
|------------|---|
|            | Fragen? |

*Berthold meldet sich.*

| Augustus: | Ach, Berthi vom Norddeich-Fernsehen, aber nur eine Frage! |
|---|---|
| Berthold: | Danke, göttlicher Augustus! Wo können sich eure Untertanen denn in Steuerlisten eintragen? Reicht es, wenn sie zum örtlichen Bürgermeister gehen? |
| Augustus: | Nein, jeder muss in seinen Heimatort zum Zählen gehen. |
| Berthold: | Aber es reicht doch wohl, wenn einer für die ganze Familie geht. |
| Augustus: | Ich sagte eine Frage! – Aber darauf will ich noch schnell antworten: Jede und jeder, also auch die Frauen und die Kinder, müssen sich persönlich in der jeweiligen Steuerbehörde melden. Die Pressekonferenz ist beendet. |
| Berthold: | Ja, sehr verehrte Zuschauer, da hat sich der Kaiser wieder mal was Besonderes ausgedacht. Wir werden sehen, wie viel Unruhe diese Anordnung bringen wird. Und damit zurück zu Freddi zur Reportage. |
| Friederike: | Maria und Josef, ihr habt es mitbekommen, was der Kaiser angeordnet hat. – Du siehst ja ganz blass aus, Josef. |
| Maria: | Oh Josef, was ist mit dir los? Das ist doch nicht so schlimm. Deine Familie wohnt doch seit Generationen in Nazareth. |
| Josef: | Ja, das stimmt, aber unseren Stammbaum können wir auf den großen König David zurückführen. Und die Davidsstadt ist nun mal Bethlehem – da müssen wir hin. In drei Monaten. |
| Maria: | In drei Monaten nach Bethlehem – gerade dann soll doch das Kind kommen. Ich weiß gar nicht, wie das werden soll. |

Friederike: Und nun sind wir wieder am Ende unserer heutigen Reportage „Komm, bau ein Haus – Die Handwerkerdoku im Norddeich-Fernsehen". Schalten Sie doch in drei Monaten wieder ein! Wir werden dann eine Doppelfolge zeigen: Wir besuchen Wirtsleute und eine Hirtenfamilie in Bethlehem – und vielleicht werden Maria und Josef uns dann ja auch über den Weg laufen.

**5. Szene: Interview der Wirte**
Friederike: Ein herzliches Willkommen zu unserer neuen Folge von „Komm, bau ein Haus – Die Handwerkerdoku im Norddeich-Fernsehen". Wie versprochen wollen wir heute ein paar Wirte in dem kleinen verschlafenen Ort Bethlehem kennenlernen und danach den örtlichen Hirten einen kleinen Besuch abstatten.
Und hier sind wir schon bei der ersten Wirtin – schön, dass du heute dabei bist und etwas von deinem Beruf erzählen möchtest. Wie heißt du?
Rebecca: Ich heiße Rebecca.
*Johanna kommt dazu.*
Friederike: Ach, da ist ja noch jemand, wer bist du denn?
Johanna: Ich bin Johanna, Rebeccas Tochter.
Friederike: Schön, dann erzählt doch mal: Wie ist das Leben als Zimmervermieterin hier in Bethlehem?
Rebecca: Tja, ich muss dazu sagen, das Leben ist nicht mehr so einfach wie früher. Von oben kommen immer mehr Vorschriften – der zuständige Präfekt will alle Zimmer klassifizieren lassen. So bekommt jedes Zimmer ein bis fünf Lorbeerkränze. Wie du sehen kannst, habe ich immerhin drei Lorbeerkränze.
Friederike: Und sind drei Lorbeerkränze gut?
Rebecca: Ja, das ist schon eine recht anspruchsvolle Kategorie, mit Frühstück, wöchentlicher Waschgelegenheit und der Verpflichtung, das Schlaf-Stroh bei jedem dritten

|             | Bettenwechsel komplett zu wenden. Das ist schon ganz schön aufwendig ... |
|---|---|
| Johanna: | ... stimmt. Und wir Kinder müssen immer ruhig sein und im Sommer müssen wir auch unsere Zimmer räumen, nur damit die Gäste hier schlafen können. |
| Rebecca: | Ja, für die Kinder ist es nicht immer einfach. Aber ich denke, es lohnt sich. Deshalb kommen einige Gäste immer wieder. |
| Friederike: | Das Geschäft läuft also gut? |
| Rebecca: | Ach, es könnte natürlich immer besser sein – aber im Moment ist alles voll. |
| Friederike: | Wieso das denn? |
| Rebecca: | Na, wegen der Volkszählung. Ganz Bethlehem ist überschwemmt mit Menschen, die sich in die Steuerlisten eintragen mussten. Ich bin schon seit Wochen ausgebucht. Und *(hinter vorgehaltener Hand)* ich kann jeden Preis dafür nehmen. Soweit ich weiß, hat niemand mehr etwas frei. Sieh mal, dahinten kommt noch so ein Pärchen. Die werden natürlich nichts mehr finden. |
| Friederike: | Na, so was, das sind Maria und Josef. Komm, Hanno, geh mal mit der Kamera ganz nah dran! |
| Hanno: | Mach ich. |
| Maria: | Josef, hier laufen so viele Menschen rum, hoffentlich finden wir noch ein Zimmer. |
| Josef: | Ich werde mal hier klopfen. |
| *Josef klopft.* | |
| Elisabeth: | Sie müssen Familie Lukas sein – Sie hatten doch vorbestellt – kommen Sie herein! |
| Josef: | Nein, ich bin Josef und das ist meine Frau Maria. Wir kommen aus Nazareth. Wir haben nicht vorbestellt. Haben Sie für uns denn noch ein Zimmer frei? |
| Elisabeth: | Nein, tut mir leid. Bei uns ist alles ausgebucht, wie gesagt – wir erwarten nur noch eine Familie, dann sind wir voll. |

| | |
|---|---|
| Josef: | Aber meine Frau ist schwanger. Wir brauchen dringend ein Zimmer. Wir würden auch ein ganz kleines nehmen. Sogar eines mit nur einem Lorbeerkranz. |
| Elisabeth: | Na, hören Sie mal. Wir sind ein anständiges Haus – alle Zimmer haben die höchste Kategorie, fünf Lorbeerkränze. Ich habe wirklich nichts frei. Doch, warten Sie mal ... *(denkt nach)* ... hm ... nebenan ist alles besetzt, doch drei Häuser weiter, bei Simon könnten Sie noch einmal fragen. Da ist alles etwas schmuddelig, aber vielleicht hat er ja noch was frei. |
| Maria: | Danke sehr, wir werden es probieren. |
| Elisabeth: | Viel Glück. |

*Maria und Josef gehen zum Wirtshaus von Simon.*

| | |
|---|---|
| Friederike: | Toll, dass wir live dabei sind! Zimmersuche in Bethlehem! Mal sehen, ob Maria und Josef Erfolg haben. |
| Johanna: | Guck mal, Mama, die gehen zu Simon, das ist doch voll eklig da! |
| Rebecca: | Ja, also zu Simon würde ich auch nicht gehen. Da würde ich ja lieber unter freiem Himmel schlafen oder in meinen Stall gehen. Bei Simon soll es nur so vor Ungeziefer wimmeln, außerdem ist der immer ganz unfreundlich. |

*Maria und Josef stehen bei Simon vor der Tür.*

| | |
|---|---|
| Josef: | Uahh, wie sieht's denn hier aus! Alles ganz dreckig. Das wäre ja furchtbar, wenn unser Sohn hier zu Welt käme. |
| Maria: | Mir ist jetzt alles egal. Ich will mich nur noch hinlegen. Ich werde mal klopfen. |

*Maria klopft.*

| | |
|---|---|
| Simon: | Was wollt ihr?!! |
| Maria: | Bitte, hilf uns! Ich bin schwanger. Wir brauchen unbedingt ein Zimmer. Es reicht auch ein kleiner Strohballen. Ich kann einfach nicht mehr. |
| Simon: | Pah, ich habe keinen Platz mehr – für 'ne Schwangere schon gar nicht. Nachher kommt das Kind noch hier |

zur Welt. Dann schreit es die ganze Zeit, außerdem wird dann alles dreckig. Und Dreck kann ich überhaupt nicht leiden. Los, verschwindet von hier!

*Simon geht wieder in sein Haus zurück. Maria und Josef gehen traurig weiter.*

Maria: Josef, ich kann nicht mehr. Was sollen wir nur tun?

Josef: Ich weiß es nicht. Dahinten steht noch ein Haus, da können wir ja noch mal fragen. Sonst müssen wir uns irgendeinen Baum suchen, unter den wir uns legen können.

Rebecca: Die kommen ja direkt auf mein Haus zu. Ich hab doch gar keinen Platz mehr.

*Maria und Josef kommen bei Rebecca an.*

Josef: Guck mal, Maria, ist das nicht Friederike vom Fernsehen?

Maria: Du hast recht. Vielleicht ist sie ja mit ihrer Wohnkutsche hier und lässt uns da schlafen.

Josef: Ich frage erst mal die Wirtin.
Guten Tag, gute Frau, wir suchen ein Zimmer. Meine Frau ist schwanger – wir wissen nicht weiter.

Rebecca: Ich habe leider auch nichts mehr frei.

*Johanna zupft ihre Mutter am Pullover.*

Johanna: Mama, Mama!!

Rebecca: Nun lass mich mal, Johanna! Wir haben wirklich nichts.

Josef: Und du, Friederike, kannst du uns vielleicht helfen? Bist du vielleicht mit deiner Wohnkutsche hier? Und könnten wir da für eine Nacht unterkommen?

Friederike *(versucht, vom Thema abzulenken)*: Ja, liebe Zuschauer, hier sind wir live bei einer kleinen Familientragödie dabei – wie wird es mit Maria und Josef weitergehen? Schalten Sie nach der Werbung doch wieder ein und sehen Sie, ob Maria und Josef Erfolg bei ihrer Zimmersuche hatten!

Rebecca: Stopp, so geht's ja wohl nicht, Friederike! Wenn du eine Kutsche hast, wirst du sie der Familie in dieser Situation doch nicht vorenthalten wollen.
*Friederike windet sich.*
Friederike: Na ja, äh, das ist so ... also ... das geht ... äh ... überhaupt nicht. Ich brauche die Kutsche. Da ist mein ganzes Make-up drin. Und außerdem brauche ich einen Rückzugsort, an dem ich mich von meinen Interviews erholen kann.
Johanna: Mama ...
Rebecca: Mensch, Johanna, nerv jetzt nicht – was willst du denn?!
Johanna: Wir haben doch noch den Stall.
Rebecca: Natürlich haben wir noch einen Stall – und?
Johanna: Da können die beiden doch hin.
Rebecca: Stimmt, das wäre natürlich eine Möglichkeit. Aber da stehen noch ein alter Ochse und ein Esel drin. Wäre das für euch in Ordnung?
Maria: Wir nehmen alles, danke sehr. Hauptsache, ich kann mich irgendwo hinlegen.
Rebecca: Gut, dann kommt einfach mit mir. Dahinten ist der Stall.
*Rebecca, Johanna, Maria und Josef gehen ab.*
Friederike: Da haben Maria und Josef ja noch mal Glück gehabt. Schön, dass es noch gute Menschen gibt. Nun lasst uns aber wirklich eine Werbepause machen. Ich melde mich von der örtlichen Hirtengruppe wieder.

## 6. Szene: Interview der Hirten
Friederike: Liebe Zuschauerinnen und Zuschauer, willkommen zurück in unserer Handwerkerdoku. Wir haben uns mit der örtlichen Hirtengruppe verabredet. Hier ist sie auch schon ... Moin zusammen.
Hirten: Moin.
Friederike: Ist das Hirtenleben tatsächlich so romantisch, wir sich das unsere Zuschauer im Fernsehen vorstellen – mit sü-

|         |                                                                 |
|---------|-----------------------------------------------------------------|
| | ßen kleinen Schafen, Fladenbrot und Musik am Lagerfeuer? |
| Rahel: | Nein, das sind auf jeden Fall falsche Vorstellungen. Der Hirtenberuf ist hart … |
| Levi: | Genau, jeden Tag früh aufstehen; Schafe zählen, neue Weiden suchen … |
| Judith: | … Schafe scheren, gegen wilde Tiere kämpfen … |
| Friederike: | Aber warum seid ihr dann Hirten geworden? Was ist der besondere Reiz dieses Berufs? |
| Ruth: | Da ist zuerst einmal das Arbeiten in der Natur, was auch sehr gesund ist, und dann … |

*Plötzlich erscheint eine Gruppe von Engeln.*

|         |                                                                 |
|---------|-----------------------------------------------------------------|
| Rahel: | Nanu, wer seid ihr denn? *(zu Friederike)* Gehören die auch zu eurem Team? |
| Friederike: | Nein, aber Moment, den einen hab ich doch schon mal gesehen – das ist doch Gabriel, ein Engel. |
| Gabriel: | Genau, wir sind Engel – Boten Gottes. |
| Michael: | Fürchtet euch nicht! Friede sei mit euch! |
| Samuel: | Wir haben eine Botschaft für euch! |
| Rafael: | Sogar eine schöne Botschaft – eine gute Nachricht von Gott. |
| Levi: | Für uns Hirten? |
| Gabriel: | Genau: Heute ist in Bethlehem in einem Stall ein Kind geboren worden. |
| Judith: | Aber was haben wir damit zu tun? |
| Samuel: | Es ist ja nicht irgendein Kind … |
| Rafael: | … sondern es ist der Sohn Gottes, der dort zur Welt gekommen ist. |
| Michael: | Er ist von Gott geschickt worden, um alle Menschen zu erretten – auch euch. |
| Ruth: | Das ist ja toll – können wir dieses Kind denn sehen? |
| Rafael: | Ja, ihr müsst einfach dem Stern dort hinten folgen. Dann werdet ihr die Familie bestimmt finden. |

| | |
|---|---|
| Samuel: | Es ist ganz leicht, denn es ist der einzige Stall in Bethlehem, der an diesem Abend beleuchtet ist. |
| Michael: | Alles Gute für euch – Friede sei mit euch! |
| Judith: | Vielen Dank, ihr Engel. |
| *Engel ab.* | |
| Rahel: | Na, dann lasst uns mal losgehen und den Sohn Gottes suchen! Tut mir leid, Friederike, wir müssen das Interview nun leider abbrechen. |
| *Hirten ab.* | |
| Friederike: | Ja, liebe Zuschauer, das war ja eine überraschende Wendung in unserem Interview. Nun sind wir am Ende unserer Sendung angekommen. Ich hoffe, es hat Ihnen ein bisschen Spaß gemacht. Vielen Dank und ich freue mich, wenn Sie demnächst wieder einschalten. Bestimmt werden wir hier bald von dem neugeborenen Baby berichten. |

## 7. Szene: Im Stall

| | |
|---|---|
| Friederike: | Dies war also der Rückblick aus der Dokumentation der letzten Monate. Nun stehen wir wieder live vor dem Stall in Bethlehem. Sie sehen den hellen Stern über der Krippe. In der Mitte stehen Maria und Josef, die ihr Kind im Arm halten. Ochse und Esel kann ich nicht erkennen – wahrscheinlich war es zu viel Trubel für die Viecher. Und ich sehe: Die Hirten kommen auch gerade beim Stall an. Hanno, geh mal näher ran, damit wir sehen können, was dort passiert! |
| Hanno: | Jo, schon dabei. |
| Maria: | Oh, Josef, endlich ist der Kleine da. Wie gut, dass die Wirtin noch diesen Stall hier hatte. So musste unser Jesus nicht unter freiem Himmel geboren werden. |
| Josef: | Ja, das ist eine wirklich nette Frau. Sieh mal! Da kommen ein paar Hirten an den Stall. |

| | |
|---|---|
| Maria: | Geh doch mal raus und frag sie, was sie wollen! |

*Josef geht zu den Hirten.*

| | |
|---|---|
| Josef: | Guten Abend, kann ich euch irgendwie helfen? |
| Ruth: | Ja, wir suchen ein neugeborenes Kind. |
| Judith: | Ein paar Engel haben uns nämlich gesagt, dass in einem Stall in Bethlehem ein Kind geboren worden ist. |
| Levi: | Und dieser Junge ist der Heiland. Heiland heißt übrigens Retter. |
| Rahel: | Stimmt, er ist Gottes Sohn, den Gott selbst zu den Menschen geschickt hat. |
| Josef: | Ihr seid genau richtig. Unser Jesus ist vor ein paar Stunden geboren worden. Wenn ihr leise seid, dürft ihr kurz hereinkommen und den Kleinen anschauen. |
| Levi: | Oh ja, das möchten wir gerne. Wir sind auch bestimmt ganz leise. |

*Josef geht mit den Hirten in den Stall. Die Hirten stellen sich um die Krippe herum auf und sehen zu dem Kind hinein.*

| | |
|---|---|
| Friederike: | So, liebe Zuschauer, das war's aus Bethlehem, Jesus ist geboren. Wir schalten jetzt ... *(Friederike fasst sich an ihren Knopf im Ohr)* ... ach nein, ich höre gerade, wir beenden die Übertragung hier doch noch nicht. Wir sehen erst eine Live-Schaltung ins ferne Morgenland. Dort ist unsere Auslandsreporterin Simone mit ihrem erfahrenen Kameramann Malte vor Ort. Danach melde ich mich noch einmal. |

### 8. Szene: Drei Weise

*Drei Weise, Korrespondentin Simone und Kameramann Malte stehen am Rande der Bühne. Malte zählt mit den Fingern rückwärts von drei bis eins.*

| | |
|---|---|
| Malte: | Noch drei Sekunden, dann sind wir auf Sendung: Drei – zwei – eins. |
| Simone: | Guten Abend meine Damen und Herren! An diesem besonderen Abend grüße ich Sie aus dem Morgenland. |

|  |  |
|---|---|
|  | Hier hinter mir sehen Sie drei Männer, die heute eine besondere Entdeckung gemacht haben. Vielleicht stellen Sie sich erst einmal vor: |
| Kaspar: | Ja, gerne, vielen Dank. Mein Name ist Kaspar und ich bin erster königlicher Hofastronom. |
| Simone: | Entschuldigung, für unsere jüngeren Zuschauer: Was ist ein Astronom? |
| Balthasar: | Ein Astronom ist einer, der die Sterne deutet. Wir beobachten den Lauf und die Helligkeit der Sterne – ich bin übrigens Balthasar, der zweite königliche Hofastronom. |
| Simone: | Und dann sind Sie wohl der ... |
| Melchior: | ... der dritte königliche Hofastronom, mein Name ist Melchior. Wir sind also Wissenschaftler. |
| Simone: | Doch wie kommt es, dass Sie wie Könige aussehen? |
| Balthasar: | Was für eine Frage?! Wir sind die wichtigsten Wissenschaftler des Morgenlandes. |
| Kaspar: | Wir haben Zutritt zu den geheimsten Gemächern des Königs. |
| Melchior: | So werden wir fast so hoch wie Könige in unserem Land angesehen. |
| Simone: | Schön, aber was haben Sie nun eigentlich entdeckt? |
| Kaspar: | Wie gesagt, wir sind Sterndeuter. Jeden Abend beobachten wir den Himmel. Wir können Ihnen zu jedem Stern am Himmel sagen, in welchem Abstand er zu seinem Nachbarstern steht. Wir können behaupten, dass wir jeden Stern am Himmel ganz genau kennen! |
| Balthasar: | Zumindest dachten wir das: Doch vor ein paar Stunden haben wir einen ganz neuen Stern entdeckt – einen, der noch nie am Himmel zu sehen war – einen mit einem ganz langen Schweif. |
| Melchior: | Und dieser Stern leuchtete klarer und heller als jeder andere Stern. Uns ist natürlich allen sofort klar gewesen, was das bedeuten soll! |
| Simone: | Und – was bedeutet das? |

| | |
|---|---|
| Balthasar: | Wir meinen, dass dort, wo der Stern aufgegangen ist, also von hier aus im Westen, etwas ganz Besonderes geschehen ist. Wahrscheinlich ist dort ein bedeutender König geboren worden – einer, der für die ganze Menschheit wichtig ist. |
| Melchior: | Wir sind uns sehr sicher – und deshalb wollen wir nun auch gleich unsere Kamele satteln und uns auf die Suche nach diesem neuen König machen. Wir rechnen damit, dass wir in ungefähr zwei Wochen ankommen werden. |
| Kaspar: | Dieses kleine Kind, dieser neue König, ist wahrscheinlich wichtiger als unser eigener König. Wir glauben sogar, dass er noch wichtiger ist als wir drei – wichtiger als die drei königlichen Hofastronomen. Daher werden wir dem Kind wahrhaft königliche Geschenke mitbringen: Gold, Weihrauch und Myrrhe. |
| Simone: | Sie haben bestimmt recht. In Bethlehem ist gerade meine Kollegin Friederike live vor Ort. Dort ist ein Kind geboren worden und es wurden sogar einige Engel gesichtet. |
| Balthasar: | Dann sollten wir uns jetzt wirklich beeilen und hier das Interview beenden. Vielleicht könnten Sie über diese Friederike schon einmal schöne Grüße von uns an die Familie des Kindes weiterleiten. |
| Simone: | Gute Reise! Und wir schalten zurück nach Bethlehem zu dir, Friederike. |

**9. Szene: Schluss**

| | |
|---|---|
| Friederike: | Danke, Simone! Die Grüße dieser Wissenschaftler, dieser Könige, werde ich nachher weitergeben. Doch zunächst gebe ich zurück ins Funkhaus: Ein besonderer Abend, eine besondere Nacht gehen zu Ende – hier in Bethlehem ist Weltgeschichte geschrieben worden. Gott ist Mensch geworden. So wünsche ich Ihnen allen vor den Fernsehschirmen frohe und gesegnete Weihnachten. |
| Alle: | Frohe Weihnachten! |

# Predigt

Liebe Gemeinde,

was hat Friederike Janssen doch für ein Glück: Sie darf gute Nachrichten melden.

Meistens, wenn wir Nachrichten hören oder sehen, ist ja es hier ein Unglück und da eine Katastrophe, hier ein Verbrechen und da eine Wirtschaftskrise – und zum Schluss wird das Wetter meistens auch noch schlecht.

Und Friederike kennt es ja auch nicht anders: Zuerst will sie eine Dokumentation machen über Handwerker in Palästina: Sie möchte über kleine Tragödien berichten, über Freud und Leid in Handwerkerfamilien, ein bisschen über Liebe und kleine Kinder. Wahrscheinlich denkt sie heimlich, als Maria und Josef keine Herberge finden und es so aussieht, als müsste Maria unter freiem Himmel ihr Kind bekommen: „Toll, wir sind dabei, wir können das live senden – dieses furchtbare Elend wird die Einschaltquoten hochjagen!"

Doch dann kommt alles ganz anders. Es findet sich doch noch ein Ort für die Geburt – wenn auch nur ein kleiner Stall. Der helle Stern geht über der Krippe auf. Und dann sind da noch die Engel, die den Hirten Gottes Frieden verkünden. Schließlich erkennen sogar die drei arroganten königlichen Hofastronomen, dass sie nicht der Mittelpunkt der Welt sind, sondern dass es jemanden gibt, der viel wichtiger ist, für den es sich sogar lohnt, eine ganz weite Reise zu machen.

Es sind lauter gute und schöne Nachrichten, die Friederike hier ins Norddeich-Fernsehen* bringen kann. Und das sind nicht nur Nachrichten für die Menschen damals – vor 2.000 Jahren –, sondern es sind gute Nachrichten für uns heute.

Der eine kleine Engel sagt: „Genau – für euch Hirten!", als diese gar nicht glauben können, dass die Engel Gottes Friedensbotschaft zu ihnen bringen. Und genauso kann dieser kleine Engel heute zu uns

---

\* Die Namen und Jahreszahl sind dem jeweiligen Ort und dem Jahr des Krippenspiels anzupassen.

rufen: „Genau – für euch Menschen in Norddeich˙, für euch Gottesdienstbesucher in der Arche˙." Uns gilt diese gute Nachricht Gottes: Uns ist heute der Heiland geboren.

Gott ist für uns ein Mensch geworden – eben Jesus Christus. Und dieser Jesus ist gekommen, um uns zu erzählen, dass Gott uns liebt. Jede und jeden von uns. Gott liebt uns – das ist die Weihnachtsbotschaft.

Er liebt uns sogar so sehr, dass er bereit ist, unsere Fehler und all unsere Schuld zu vergeben. Er liebt uns so sehr, dass er uns an jedem Tag unseres Leben begleitet. Und er will uns seinen Frieden schenken.

Diese Botschaft bringen die Engel zu den Hirten und Friederike bringt sie in die ganze Welt – na ja, zumindest in die Norddeicher Arche-Welt˙: Gott schenkt uns Liebe und Frieden. Das sind die Nachrichten im Norddeich-Fernsehen˙ vom 24. Dezember 2018˙.

Es sind gute Nachrichten – und gute Nachricht heißt übrigens auf Griechisch Evangelium. Dieses Evangelium gibt Friederike heute an uns weiter und es ist ein so schönes Evangelium, dass es viel zu schade ist, um nur in der Kirche gehört zu werden. Deshalb: Nehmt dieses Evangelium mit nach Hause und gebt die gute Nachricht dort an die Menschen weiter, die heute vielleicht nicht mit in der Kirche waren: Friede sei mit euch, denn Jesus Christus ist geboren! Gottes Liebe ist in die Welt gekommen.

Amen.

# 7. Engelsschule

**Einführung**

Heute ist der erste Schultag in der Engelsschule für Gabriel, Michael und Samuel. Bei ihrem Lehrer Dr. Rafael lernen sie z.B. Sprachen, Singen, Sport und einiges mehr. Außerdem erhält Rafael über sein Smartphone immer wieder Sonderaufträge für die Schüler direkt aus dem Himmelsministerium.

Als erste Aufgabe sollen die Schüler Maria die Nachricht überbringen, dass sie den Sohn Gottes zur Welt bringen wird. Samuel, der es als Erster probiert, redet viel zu schnell, sodass Maria gar nichts versteht. So versucht es Michael. Er ist so aufgeregt, dass er die Nachricht nur bruchstückhaft herausbringt. Deshalb probiert es auch Gabriel, der es richtig gut macht. Doch er vergisst zu sagen, dass das Kind in Bethlehem geboren werden soll.

Daher beschließt Rafael, dass die Engelsschüler Kaiser August besuchen sollen. Michael kann den Kaiser davon überzeugen, eine Volkszählung durchführen zu lassen, bei der jeder in die Heimatstadt seiner Vorfahren gehen soll.

Nun muss nur noch Samuel eine Nachricht ordentlich überbringen. Dafür ziehen die Engel ins Morgenland zu den drei Weisen: Samuel soll diese dazu bringen, nach Bethlehem zu ziehen. Das gelingt gut und als Wegweiser knipst Samuel für die Weisen einen Stern am Himmel an.

Ein paar Monate später gehen die Engelsschüler auf Klassenfahrt nach Bethlehem. Hier quartieren sie sich im Hotel ein und bekommen das letzte freie Zimmer, sodass Maria und Josef nur im Stall übernachten können. Dort wird Jesus geboren.

Die Engel wollen noch ein paar Gäste zum Stall einladen. So gehen sie zu einer Hirtenfamilie und stimmen das Lied „Vom Himmel hoch" an. Das hört sich aber so furchtbar an, dass Rafael die ganze Gemeinde bittet, das Lied mit ihnen zusammen zu singen.

Nach dem Lied können die Engelsschüler ihre Nachricht überbringen und die Hirtenfamilie macht sich zum Stall auf. Dort sind auch die drei Weisen angekommen und haben Gold, Weihrauch und Myrrhe als Geschenke mitgebracht.

Zufrieden mit den Leistungen seiner Schüler, gibt Rafael ihnen erst einmal Ferien und wünscht allen frohe Weihnachten.

# Materialliste und technische Hinweise

## Material
- Kostüme
- Stern
- Stall mit Krippe
- Puppe als Jesuskind
- Smartphone (1. Szene)
- Schokolade (3. Szene)
- Glocke (3. Szene)
- Notizblock + Stift (4. Szene)
- Wirtshaus (6. Szene)

## Hinweise
*Aufführung des Krippenspiels in vier Teilen*
Teil 1: 1. + 2. Szene
Teil 2: 3. – 5. Szene
Teil 3: 6. – 7(1). Szene
Teil 4: 7(2). – 8. Szene

*Verschiedene Spielebenen: Engelsschule und Erde*
Das Krippenspiel spielt sowohl im Himmel als auch auf der Erde. Um die Distanz deutlich zu machen, bietet es sich an, die Szenen der Engelsschule etwas abseits auf Podesten zu spielen.

## Das Stück

*Große Rollen:*    Engelslehrer Rafael
Engelsschüler Michael
Engelsschüler Samuel
Engels-Austauschschüler Gabriel

*Mittlere Rollen:*   Maria
Josef
Soldat Markus
Wirt Sebulon

*Kleine Rollen:*    Hauptmann Cornelius
Augustus
Caspar
Balthasar
Melchior
Hirtensohn Juda
Hirtentochter Rahel
Hirtin Rebecca
Hirte Simeon

**1. Szene: Erster Schultag**

Rafael:   Liebe Schüler, ich wünsche euch einen wunderschönen guten Morgen.
Heute ist euer erster Schultag auf der weiterführenden Engelsschule. Ich freue mich richtig, dass wir endlich nach vielen Jahrhunderten einmal wieder eine neue Klasse einrichten konnten.
Ich habe mich noch gar nicht vorgestellt: Ich bin Dr. Rafael. Aber ihr könnt einfach Rafael zu mir sagen. Und wer seid ihr?

Michael:   Also mein Name ist Michael.

| | |
|---|---|
| Samuel: | Und ich heiße Samuel. |
| Rafael: | Ah ja, die Familienähnlichkeit ist unverkennbar. Deinen Bruder Daniel hatte ich vor 200 Jahren doch auch einmal in der Klasse ... Und dann bist du sicherlich Gabriel. |
| Gabriel: | Genau. |
| Rafael: | Ich freue mich ganz besonders, dass du da bist. Gabriel ist nämlich mit einem besonderen Austauschprogramm zu uns gekommen. Er ist in einer Menschenfamilie aufgewachsen. Was sind deine Eltern noch? |
| Gabriel: | Meine Eltern sind Fischer am Mittelmeer in Aschdod. |
| Rafael: | Richtig, richtig, Aschdod – schöner Ort! Da war ich vor fünfzig Jahren auch einmal. Schön, dass du jetzt bei uns Engel lernst! Habt ihr denn noch Fragen? |
| Gabriel: | Ich bin einfach nur gespannt, was alles auf mich zukommt. |
| Samuel: | Müssen wir eigentlich auch singen üben? Mein Bruder Daniel musste das und der hat erzählt, wie furchtbar das mit der Gesangsengel-Lehrerin ist. Sie soll so streng sein. |
| Michael: | Eigentlich würde ich gerne wissen, was wir überhaupt alles lernen müssen. |
| Rafael: | Das kann ich euch gerne erzählen:<br>Ihr werdet fünf Jahre hier auf die Schule gehen und zuletzt die Engelsprüfung ablegen. Wir haben eine schöne Mischung aus Theorie und Praxis.<br>Ihr habt folgende Fächer:<br>• Sprachen: alte Sprachen, gegenwärtige Sprachen und zukünftige Sprachen,<br>• natürlich Singen und Musizieren (übrigens ist unsere Gesangslehrerin sehr nett),<br>• Sport – wir haben teilweise weite Wege zurückzulegen und wir wollen eigentlich auf Flügel verzichten,<br>• Politik, Geschichte und Menschenkunde,<br>• schließlich auch Technik – also Sternenschaltungen, Wetterleuchten usw.,<br>• und eine Klassenfahrt werden wir auch machen. |

|  |  |
|---|---|
|  | Hin und wieder werden wir vom Himmelsministerium auch ein paar Sonderaufträge erhalten. Die bekomme ich hier auf mein Smartphone – eine tolle Technik. Die Menschen werden sie erst in zweitausend Jahren erfinden. Und was sehe ich da? Es ist gerade eine Textnachricht aus dem Himmelsministerium reingekommen. |
| Michael: | Lies doch mal vor! |
| Rafael: | „Liebe Engelsschüler, ich freue mich, dass ihr den Weg zur Engelsausbildung eingeschlagen habt. Ich wünsche euch viel Freude dabei. Nun habe ich gleich eine erste Aufgabe für euch. Geht nach Nazareth zu der jungen Zimmermannsfrau Maria und teilt ihr mit, dass sie ein Kind bekommen wird. Viel Spaß, euer Engelsminister!" |
| Samuel: | Das hört sich aufregend an. Mein Bruder Daniel durfte erst nach 25 Jahren seinen ersten Auftrag ausführen. |
| Gabriel: | Und wie machen wir das jetzt? |
| Rafael: | Das ist gar nicht so schwer. Wir begeben uns nach Nazareth. Einer von euch wird die Nachricht überbringen. Wir anderen sehen von außen zu und besprechen hinterher den Einsatz. |
| Gabriel: | Welche Nachricht denn eigentlich? |
| Michael: | Das ist doch einfach: „Du wirst ein Kind bekommen!" |
| Rafael: | Ja, aber das ist noch nicht alles. Ich habe euch nicht die ganze Textnachricht vorgelesen: Dieses Kind wird der Sohn Gottes sein. Er wird die Menschheit retten und er soll Jesus genannt werden. Das Kind soll in Bethlehem geboren werden. – Also eine sehr wichtige Nachricht. Wer möchte es denn versuchen? |
| Samuel: | Ich will als Erster. |
| Rafael: | Also gut: Auf nach Nazareth! |

**2. Szene: Verkündigung**

*Rafael und seine drei Schüler begeben sich nach Nazareth!*

Rafael: So, dahinten ist das Haus von Maria. Wir drei bleiben hier im Hintergrund und du, Samuel, bringst Maria die gute Nachricht. Viel Erfolg.

*Samuel geht zu Marias Haus. Er stellt sich einfach plötzlich vor Maria hin. Maria erschrickt:*

Maria: Mensch, habe ich mich erschreckt! Wer bist du? Und was machst du hier im Haus?

Samuel *(sehr schnell)*: Hallo, ich bin Samuel! Ein Engel. Du wirst schwanger. Du bekommst ein Kind. Es soll Jesus heißen. Es ist Gottes Sohn. Geburtsort: Bethlehem. Tschüs!

*Samuel will schon wieder gehen. Maria ist sehr erschreckt.*

Maria *(stottert)*: Aber, aber …

*Rafael stürzt in Marias Haus, schnipst mit den Fingern. Maria bleibt erstarrt stehen. Michael und Gabriel kommen hinterher.*

Rafael: Ich habe hier jetzt einmal unterbrochen …

Gabriel: Wie, unterbrochen? Wie hast du das gemacht? *(tippt Maria an)* Die bewegt sich ja gar nicht mehr.

Rafael: Ach, entschuldige! Das kannst du ja nicht wissen. Ältere Engel haben die Möglichkeit, die Zeit anzuhalten. Ich kann sie sogar ein wenig zurückdrehen. Und ich glaube, das muss ich auch gleich tun.

Aber erst einmal wollen wir über Samuels Versuch sprechen.

Samuel: Also, ich finde, ich habe es ganz gut gemacht.

Michael: Na ja, ein wenig stürmisch vielleicht …

Gabriel: Ja, ich glaube, Maria war ein wenig schockiert.

Rafael: Da gebe ich euch recht. Sollen wir es noch einmal probieren? Michael, möchtest du vielleicht? Ich spule einfach ein wenig zurück – so ungefähr fünf Minuten. Maria weiß also noch nichts.

*Alle gehen aus dem Haus. Rafael schnipst. Maria bewegt sich wieder. Michael geht zum Haus, klopft an.*

Maria: Herein.

Michael: Ha…ha…hallo!

Maria: Ja, hallo, wer bist du?

| | |
|---|---|
| Michael: | Ja, also, die Sache, ähm, ist die, also, ich habe da ein Nachricht für – für dich. |
| Maria: | Aha, und welche Nachricht? |
| Michael: | Ja, also, eine Nachricht, die dich, ähm, betrifft. Ich weiß gar nicht, wie ich es sagen soll. |
| Maria: | Sag es doch einfach! |
| Michael: | Ja, das ist nicht so leicht. Es ist ... na ja, mir ist auf einmal so komisch ... |

*Michael rennt raus. Maria bleibt verwirrt zurück.*

| | |
|---|---|
| Rafael: | Okay, Michael. Kein Problem. Ganz ruhig! Es ist nichts Schlimmes passiert. |
| Michael: | Nichts Schlimmes!? Ich habe total versagt!!! |
| Rafael: | Das war deine erste Nachricht. Das ist aufregend. Viele Engel haben dabei Sternenfieber. Sie fangen an zu schwitzen und zu stottern und wissen gar nicht mehr, was sie sagen sollen.<br>Am besten, du probierst es gleich noch mal. Ich geh nur schnell rein und stelle Maria wieder auf Anfang. |
| Michael: | Nein, heute nicht. Mir ist immer noch ganz zitterig. Vielleicht will Gabriel ja noch. |
| Gabriel: | Wenn ihr meint. Ich weiß aber auch nicht, ob ich das kann. |
| Rafael: | Okay, letzter Versuch für heute. Sonst muss es ein Engel vom EngelNachrichtenDienst – END – übernehmen. Ich schnipse einmal, damit Maria die letzte Begegnung vergisst. *(schnipst)* |

*Gabriel geht zu Marias Haus, klopft an.*

| | |
|---|---|
| Maria: | Herein. |
| Gabriel: | Guten Tag, Maria! Mein Name ist Gabriel. Ich bin ein Engel – also genauer ein Engelsschüler. |
| Maria: | Komisch, du kommst mir so bekannt vor, als hätte ich gerade eben erst einen wie dich gesehen. Warst du gerade schon hier? |

| | |
|---|---|
| Gabriel: | Nein, ich bin gerade erst gekommen. Ich habe eine Nachricht für dich – eine Nachricht direkt aus dem Himmel. Vielleicht setzt du dich besser. |
| Maria: | Etwas Schlimmes? |
| Gabriel: | Nein, keine Sorge, du kannst dich freuen. Also sitzt du bequem? |
| Maria: | Ja. |
| Gabriel: | Gut, Maria. Du wirst ein Kind bekommen. |
| Maria: | Oh, wie schön. Da wird sich Josef aber freuen. |
| Gabriel: | Äh, bestimmt. Wer ist das denn? |
| Maria: | Na ja, mein Verlobter natürlich. Wir wollten immer Kinder haben. |
| Gabriel: | Dann freut er sich bestimmt. Aber es ist nicht irgendein Kind, das du bekommst. Er wird der Sohn Gottes sein. Gott wird ein Mensch, damit er allen Menschen seine Liebe bringt und die Welt rettet. Ach ja, und du sollst ihn Jesus nennen. |
| Maria: | Oh, das ist ja wirklich eine Überraschung. Da wird Josef aber Augen machen. |
| Gabriel: | So, das sollte ich dir sagen. Geht es dir so weit gut, dass ich dich allein lassen kann? |
| Maria: | Ja, danke, geh nur! Tschüs und vielen Dank! |
| Gabriel: | Auf Wiedersehen. |

*Gabriel geht raus zu den anderen Engeln. Die drei klatschen.*

| | |
|---|---|
| Samuel: | Wow, das war toll! |
| Michael: | Ja, einfach super! |
| Rafael: | Ich bin auch ganz begeistert. So gut hat es ein Jungengel noch nie hinbekommen. Doch eins hast du vergessen: Das Kind soll ja in Bethlehem geboren werden. Wir müssen es noch mal machen. |
| Gabriel: | Ich möchte aber nicht noch mal! |
| Michael: | Ich auch nicht. |
| Samuel: | Ich auch nicht. |

Rafael: Okay, wir machen für heute Schluss mit Nachrichten-Übermitteln. Ich werde mir etwas einfallen lassen. Vielleicht sollten wir Kaiser Augustus in den nächsten Tagen einmal einen Besuch abstatten ...

## 3. Szene: Augustus

*Rafael und die drei Engelsschüler stehen vor dem Palast von Augustus und beraten sich.*

Rafael: Wir sind uns also einig: Michael, du willst es heute noch einmal versuchen.
Michael: Ja, genau. Hoffentlich schaffe ich es diesmal!
Samuel: Keine Sorge! Wir haben es in den letzten Tagen ja geübt. Und du hast das spitze hinbekommen.
Gabriel: Das klappt bestimmt!
Rafael: Hier, iss noch ein Stück Schokolade! Mich beruhigt das immer. Und dann los. Viel Erfolg!
Michael: Danke!

*Michael geht zu einem römischen Soldaten.*

Michael: Entschul...
Cornelius *(ruft):* Halt, im Namen Roms, stehen bleiben!!!
Michael: Ja, ich stehe doch.
Cornelius: Was willst du?!
Michael: Zu Kaiser Augustus.
Cornelius: Zu Kaiser Augustus!? Aha! Da kann aber nicht jeder hin. Wer bist du überhaupt?
Michael: Mein Name ist Michael. Ich bin ein Engel und habe eine wichtige Botschaft für den Kaiser.
Cornelius: So ein Quatsch! Wer glaubt denn schon an Engel?! Haha. Verschwinde jetzt – oder ich muss das Schwert ziehen!
Michael: Jaja, Rafael sagte schon, dass es wahrscheinlich so laufen würde. *(Er holt eine kleine Glocke hervor.)* Sieh mal, Soldat! Wie heißt du eigentlich?
Cornelius: Ich bin Hauptmann Cornelius von der kaiserlichen Palastwache. Was willst du mit der Glocke?

Michael: Also, Hauptmann Cornelius, das ist eine ganz besondere Glocke – eine Himmelsglocke. Wenn ich die läute, wirst du mich zum Kaiser durchlassen.
Cornelius: Niemals!
*Michael läutet.*
Cornelius: Halt, wer bist du?!
Michael: Na ja, das hatten wir doch gerade schon. Mein Name ist Michael. Ich bin ein Engel und habe eine wichtige Botschaft für Augustus. Lass mich bitte durch!
Cornelius: Natürlich, gerne. Ich denke, der Kaiser erwartet dich.

*Michael geht zum Kaiser durch. Im Hintergrund tuscheln die anderen Engel.*
Gabriel: Das hat er ganz toll gemacht – wie aus einem Engellehrbuch!
Samuel: Super, wie ruhig er gewesen ist.
Rafael: Ja, ganz toll! Aber jetzt wollen wir weiter zuhören.

*Michael steht vor dem Kaiser, läutet die Glocke.*
Augustus: Nanu, wer läutet denn da? Immer herein!
Michael: Guten Tag, erhabener Kaiser! Mein Name ist Michael. Ich bin Engel oder besser Engelsschüler.
Augustus: Na, guten Tag! Das ist ja eine Überraschung. Was möchtest du denn von mir?
Michael: Ach, ich habe eine Idee. Also eigentlich einen himmlischen Ratschlag. Wie wäre es, wenn du mal wieder eine Volkszählung machen würdest?
Augustus: Eine Volkszählung? Warum das denn?
Michael: Na ja, dann weißt du zumindest, wie viel Untertanen du in deinem Riesenreich hast.
Augustus: Keine schlechte Idee! Sie könnte glatt von mir kommen. Und ich wüsste genau, wer mir alles Steuern zahlen muss. Gut, du kannst gehen! Oder halt! Hast du nicht Lust, einer meiner Ratgeber zu werden? Solche innovativen Ideengeber brauche ich hier am Hof.

| | |
|---|---|
| Michael: | Nein, danke! Ich freue mich, dass du mir zugehört hast. Aber eine Idee noch: Wäre es nicht sinnvoll, wenn jeder Mensch zur Volkszählung in seinen Heimatort gehen würde, damit dann die Familienverhältnisse auch gleich klar sind? |
| Augustus: | Hervorragende Idee! Danke – alles Gute! |
| Michael: | Ich danke dir! Auf Wiedersehen! |

*Michael geht raus zu den anderen Engeln.*

| | |
|---|---|
| Rafael: | Michael, herzlichen Glückwunsch! Das war ein guter Einsatz. |
| Gabriel: | Das war richtig geschickt. |
| Samuel: | Augustus glaubt bestimmt, dass es seine eigene Idee ist. |
| Michael: | Danke! Aber das Glöckchen hat auch gut geholfen. Lass uns doch mal gucken, wie es weitergeht! |

## 4. Szene: Nachricht aus Rom

| | |
|---|---|
| Augustus: | Hauptmann Cornelius, sofort zu mir! |
| Cornelius: | Hier bin ich, großer Kaiser. Was kann ich tun? |
| Augustus: | Ich will, dass eine Volkszählung durchgeführt wird. Jeder Mensch soll dafür in den Ursprungsort seiner Familie gehen. Und ... *(denkt kurz nach)* das Ganze soll am 24. Dezember passieren. Das ist mein Lieblingstag. |
| Cornelius *(notiert)*: | Volkszählung – Heimatort – 24. Dezember. Alles notiert! Und jetzt? |
| August: | Na, was wohl! Zieh los! Nimm noch ein paar Kameraden mit und verkündigt in allen Städten und Ländern, was ich vorhabe! Hopp, hopp! |
| Cornelius: | Zu Befehl! Ich bin schon weg! |

*Kurze Zeit später in Nazareth. Maria und Josef stehen zusammen.*

| | |
|---|---|
| Josef: | Maria, ich freue mich immer noch so, dass wir ein Kind bekommen. |
| Maria: | Schön, das sagst du mir jetzt schon jeden Tag – seit acht |

| | |
|---|---|
| | Monaten. In einem Monat ist das Kind endlich da. Was willst du denn dann sagen? |
| Josef: | Dann sag ich natürlich: „Maria, ich freu mich, dass wir nun ein Kind haben." Aber noch ist es ja nicht so weit. Doch langsam ist alles fertig: Ich habe das Kinderzimmer schon gestrichen, eine Wiege gebastelt ... |
| Maria: | Ja, was habe ich für ein Glück, dass ich mir so einen geschickten Zimmermann ausgesucht habe! Sag mal, der dahinten, das ist doch ein römischer Soldat! Was will der denn hier in Nazareth? |
| Josef: | Keine Ahnung. Wir werden es ja gleich erfahren. |

*Soldat Markus kommt auf Maria und Josef zu.*

| | |
|---|---|
| Markus: | Sehr geehrte Damen und Herren, ich habe eine Nachricht von Kaiser Augustus. |
| Josef: | Das hört sich aber förmlich an. |
| Markus: | Ja, also, eine Nachricht aus Rom: Der Kaiser befiehlt eine Volkszählung. |
| Josef: | Kein Problem, schreib bitte auf: Josef aus Nazareth, Zimmermann, mit seiner Frau Maria, zurzeit zwei Personen, zukünftig drei. Fertig! |
| Markus: | So einfach ist das nicht. Der Kaiser sagt: Jeder muss in seinen familiären Heimatort gehen. Kommt deine Familie ursprünglich aus Nazareth? |
| Josef: | Nein, wir stammen aus Bethlehem. Ich bin ein Nachfahre des großen Königs David. |
| Markus: | Aha, dann musst du also nach Bethlehem gehen. |
| Josef: | Was für ein Blödsinn! Du kannst uns ja auch hier zählen. |
| Markus: | Das ist kein Blödsinn, das ist der Befehl des Kaisers. Ich kann daran nichts ändern. |
| Maria: | Na ja, ist ja nicht so schlimm! Dann machen wir eben, wenn unser Kleiner geboren wurde, einen Familienausflug nach Bethlehem – im Sommer, wenn es warm ist. |
| Josef: | Schöne Idee! |

Markus: Das geht leider auch nicht. Der Befehl lautet: Es muss am 24. Dezember passieren. Punkt!
Maria: Das geht gar nicht! Da ist der ausgerechnete Geburtstermin.
Markus: Das ist dem Kaiser reichlich egal. Vielleicht solltet ihr euch jetzt schon auf den Weg machen. Aber wisst ihr was? Ihr tut mir schon ein bisschen leid. Ich habe ja mein Reitpferd, das brauche ich noch. Aber ich habe auch einen alten Packesel dabei. Den brauche ich in den nächsten Wochen nicht. Ich kann ihn euch ausleihen.
Josef: Oh, das ist nett! Wahrscheinlich bleibt uns gar nichts anderes übrig.
Maria: Ja, dann werde ich jetzt mal packen, damit wir bald loskönnen. Vielen Dank, Soldat!

**5. Szene: Drei Weise aus dem Morgenland**
*Die vier Engel beraten sich.*
Rafael: So, Gabriel hat Maria die Botschaft überbracht. Das war schon ganz gut – für das erste Mal. Michael hat sich ganz hervorragend mit Kaiser Augustus auseinandergesetzt. Nun brauchen wir für dich, Samuel, noch eine Nachricht. Dann habt ihr die praktische Übung in Nachrichtenübermittlung auch schon bestanden.
Was machen wir denn nur?
Gabriel: Wie wäre es, wenn noch ein paar weise Männer zur Geburt des Kindes nach Bethlehem kämen?
Michael: Ja, so fremdländische Weise! Das wär' doch was.
Rafael: Klasse Idee! Ich kenne da drei Weise im Morgenland. Hättest du Lust dazu, Samuel?
Samuel: Na klar, das mache ich gerne!
*Die vier Engel ziehen ins Morgenland.*

Rafael: So, dahinten sind die Weisen. Sie heißen übrigens Caspar, Melchior und Balthasar. Alles Gute, Samuel!

Samuel: Danke!

*Samuel geht zu den Weisen.*
Samuel: Hallo, seid ihr Caspar, Melchior und Balthasar?
Melchior: Ja, woher kennst du unsere Namen?
Samuel: Mein Lehrer schickt mich – Rafael.
Caspar: Rafael, Rafael? Ach, Rafael, der Engel?
Samuel: Ja, genau!
Balthasar: Rafael, der hat uns doch so viel über Sterne beigebracht. Dem verdanken wir wirklich ganz viel. Grüß ihn schön!
Samuel: Das mache ich gerne.
Melchior: Aber was führt dich denn zu uns?
Samuel: Ich habe eine Nachricht für euch.
Caspar: Eine Nachricht von Rafael? Das ist ja spannend. Wie lautet sie denn?
Samuel: Es wird ein Kind geboren werden – ein ganz besonderes Kind. Es wird der Retter der Menschen sein – der Sohn Gottes. Rafael findet, es wäre eine gute Idee, wenn ihr das neugeborene Kind begrüßt.
Balthasar: Das machen wir gerne. Vielleicht sollten wir ihm auch etwas mitbringen.
Melchior: Wie wäre es mit etwas Myrrhe?
Caspar: Ja, und Gold und Weihrauch. Aber wie finden wir das Kind denn?
Samuel: Ganz einfach, das Kind kommt in dem Dorf Bethlehem zur Welt und wird in einem Stall in einer Krippe liegen. Und ich habe auch einen Wegweiser für euch aufgestellt. Seht ihr den Stern dahinten?
Balthasar: Welchen Stern? Mitten am Tag kann man keine Sterne sehen.
Samuel: Warte mal ab! *(Er klatscht in die Hände. Der Stern geht an.)*
Melchior: Wie hast du das gemacht?
Samuel: Na ja, ich bin ein Engel! Und Sterne anknipsen haben wir in der ersten Woche auf der Schule gelernt. *(klatscht)* Aus!

|  |  |
|---|---|
| | *(klatscht)* An! So einfach ist das. Folgt einfach dem Stern, dann kommt ihr in Bethlehem an! |
| Caspar: | Toll, dann wollen wir mal los! Aber lass den Stern jetzt auch an, sonst verlaufen wir uns! |
| Samuel: | So einfach ist das nicht, der Stern kann nicht immer am Tag brennen. Das würde anderen Menschen auffallen. Aber ich werde ihn immer mal zwischendurch anmachen, dann könnt ihr euch nicht verlaufen. |
| Balthasar: | Gut, wir werden aufpassen! Vielen Dank, Samuel! Und wie gesagt: Grüße an Rafael! |

*Samuel geht zu den anderen Engeln.*

|  |  |
|---|---|
| Rafael: | Herzlichen Glückwunsch! Auch du hast die Nachrichten-Übermittlungs-Prüfung mit Auszeichnung bestanden. |
| Gabriel: | Und das mit dem Stern – toll! |
| Michael: | Hätte von mir sein können. |
| Rafael: | Nur ein kleiner Punkt ist nicht ganz so hervorragend gelöst. Eigentlich hätten die drei erst noch bei Herodes in Jerusalem vorbeischauen sollen. *(denkt nach)* Hm, ach, auch egal, lassen wir sie doch direkt nach Bethlehem laufen. |

## 6. Szene: Klassenfahrt nach Bethlehem

*Die Engel sind auf dem Weg nach Bethlehem.*

|  |  |
|---|---|
| Samuel: | Ich habe mich schon lange auf diese Klassenfahrt gefreut. |
| Michael: | Ja, wir haben in den letzten Monaten auch so viel gelernt. Wir haben echt eine Pause verdient. |
| Rafael: | Na ja, ihr habt wirklich schon einige Dinge gelernt. Glaubt aber ja nicht, dass ihr mit der Ausbildung schon fertig seid! Bis ihr richtig als Engel einsetzbar seid, gehen bestimmt noch ein paar Jahrzehnte ins Land. Aber trotzdem freue ich mich natürlich auch, dass wir diesen kleinen Ausflug unternehmen können. |

Gabriel: Genau, dann können wir beobachten, ob mit Maria und Josef und den Weisen und so alles glatt läuft.
Michael: Wo schlafen wir denn eigentlich?
Rafael: Oh, ich habe uns Betten im besten Hotel am Ort reservieren lassen. Es ist aber auch das einzige Hotel. Dort vorne ist es schon.

*Er geht hin und klopft an.*

Sebulon: Guten Tag. Herzlich willkommen im schönen Bethlehem! Was kann ich für euch tun?
Samuel: Wir würden hier gerne heute Nacht schlafen.
Sebulon: Oh, das tut mir leid! Leider ist alles ausgebucht. Wir haben nichts mehr frei. Vielleicht wollt ihr es einmal in Jerusalem versuchen. Dort sind ja ein paar Hotels, aber hier in Bethlehem ist nichts mehr.
Rafael: Mein junger Freund Samuel hat vergessen zu sagen, dass wir reserviert haben. Rafael von der Engelsschule.
Sebulon: Das hättet ihr ja gleich sagen können! Eure vier Zimmer sind natürlich noch frei. Zwei mit Blick auf meinen Stall – zwei mit Blick auf die Straße.
Rafael: Super, wir stellen nur kurz unser Gepäck ab! Dann werden wir uns ein bisschen in Bethlehem umsehen.
Sebulon: Das ist eine sehr gute Idee. Bethlehem bietet für Bildungsreisende, Klassenfahrten und auch einfach für Urlaubsgäste unheimlich viel. Stellt euer Gepäck einfach da ab! Ich bringe es in eure Zimmer. Und wenn was ist, ruft einfach nach Sebulon (das bin ich), dann werde ich sofort für euch da sein.
Rafael: Danke, Sebulon. Dann schauen wir uns mal um.

*Die Engel gehen ein bisschen im Dorf umher – Maria und Josef tauchen am Horizont auf.*

Gabriel: Seht mal! Dahinten ist Maria und das andere muss wohl ihr Mann Josef sein.
Samuel: Die ist ja sehr viel dicker geworden als vor neun Monaten.
Michael: Natürlich, bei Schwangerschaften ist das so.

| | |
|---|---|
| Gabriel: | Ich glaube, die kommen auch in unser Hotel. |

*Maria und Josef gehen zum Hotel. Sie klopfen an.*

| | |
|---|---|
| Sebulon: | Guten Tag! Herzlich willkommen im schönen Bethlehem! Was kann ich für euch tun? |
| Josef: | Vielen Dank für die nette Begrüßung! Wir sind den ganzen weiten Weg von Nazareth hierher gegangen und brauchen ein Zimmer. |
| Maria: | Ja, ganz dringend! Und am besten auch eine Hebamme. |
| Sebulon: | Das tut mir leid! Ich habe nichts mehr frei. Und unsere Dorfhebamme hat gerade Urlaub. Aber vielleicht sollte in Jerusalem noch etwas frei sein. Und die ärztliche Versorgung ist dort sowieso besser als hier. Wann ist es bei dir denn so weit? |
| Maria: | Ich glaube heute Nacht. Ich weiß es nicht genau. Ich habe ja noch nie ein Kind bekommen. |
| Sebulon: | Heute Nacht! Dann solltet ihr euch beeilen, um nach Jerusalem zu kommen. Viel Glück! |
| Josef: | Halt! Stopp! Wir sind den ganzen weiten Weg hierhergekommen – auch wegen der Volkszählung. Wir gehen keinen Schritt mehr weiter. Uns reicht auch *ein* Bett. |
| Sebulon: | Ich habe nicht einmal *ein halbes* Bett frei. Ich kann nur noch einen Stall anbieten und ein bisschen Stroh reinlegen. |
| Maria: | Das reicht mir vollkommen. Das nehmen wir. |
| Josef: | Ja, danke! Hauptsache, wir können ein bisschen liegen. |
| Sebulon: | Okay, kommt mit! Ich zeige euch meinen Stall. |
| Gabriel: | Oh, das ist ja traurig! Die müssen in einen Stall und wir haben weiche Betten. |
| Michael: | Sollen wir nicht lieber in den Stall gehen? |
| Samuel: | Also für mich wäre es kein Problem. |
| Rafael: | Ja, das ist toll, dass ihr solche Ideen habt! Aber leider geht es nicht. Als Schule haben wir für solche Klassenfahr- |

ten eine besondere Versicherung abgeschlossen. Danach müsst ihr in vier Wänden in einem echten Bett schlafen. Daran können wir leider nichts ändern. Aber ich bin mir sicher, dass Maria und Josef das auch so hinbekommen.

*Maria und Josef im Stall – das Kind wurde gerade geboren.*
Michael: Seht mal, während wir hier reden, hat Maria wohl schon das Kind bekommen. Die beiden legen es gerade in die Futterkrippe.
Gabriel: Sag mal, Samuel: Wäre jetzt nicht der richtig Zeitpunkt, um den Stern wieder anzuknipsen?
Samuel: Gute Idee!

*Er klatscht. Der Stern geht an. – Ein Handy klingelt.*
Rafael: Oh, eine SMS. „Liebe Engel, der Heilige Abend ist da. Es wäre gut, wenn noch ein paar Gratulanten zum neugeborenen Kind kämen."
Michael: Dann können wir ja hingehen.
Gabriel: Ich glaube, wir sind nicht gemeint.
Rafael: Natürlich sind wir nicht gemeint, auch wenn wir nachher mal zum Stall gehen. Was meint ihr denn: Wen könnten wir noch einladen?
Samuel: Ich habe unterwegs eine Hirtenfamilie gesehen. Wie wäre es mit denen?
Gabriel: Oh ja, lass uns gleich hingehen!

## 7. Szene: Hirten
*Die Engel gehen Richtung Hirtenfamilie.*
Rafael: Okay, meine Schüler, dann solltet ihr heute noch eure Gesangskünste unter Beweis stellen.
Michael: Bitte nicht singen!
Rafael: Doch, ihr könnt ja alle zusammen singen.

*Michael, Samuel, Gabriel treten auf. Die Hirtenfamilie springt auf.*

Juda: Mama, was sind das für Leute?
Rebecca: Das weiß ich auch nicht.
Rahel: Papa, ich habe Angst!
Simeon: Das brauchst du nicht. *(laut)* Wer seid ihr? Was wollt ihr hier?

Michael *(zu den anderen Engeln)*: Eins, zwei, drei ...
Alle drei *(singen sehr schief)*: „Vom Himmel hoch, da komm ich her ..."
*Rafael springt dazwischen, schnipst mit den Fingern. Die Szene „friert ein".*

Rafael: Oh Mensch, oder besser: Oh Engel! Das Singen klappt ja überhaupt nicht.
Vielleicht sollten wir alle zusammen noch einmal singen.
*(zur Gemeinde)* Liebe Gemeinde, bitte helfen Sie unseren Engelsschülern. Lasst uns gemeinsam das Lied: „Vom Himmel hoch" singen!

**Lied: Vom Himmel hoch**

Rafael: So, ihr drei, so sollte das Lied klingen. Ich glaube, bis zum Ende eurer Ausbildung dauert es noch ein paar Jahrzehnte. Aber jetzt soll es weitergehen. Ich drehe die Zeit nur ein paar Sätze zurück. *(schnipst)*
Rahel: Papa, ich habe Angst!
Simeon: Das brauchst du nicht. *(laut)* Wer seid ihr? Was wollt ihr hier?
Michael: Habt keine Angst!
Samuel: Wir sind Engel. Wir haben eine Nachricht für euch – direkt aus dem Himmel.
Gabriel: Heute ist nämlich ein Kind geboren worden – in einem Stall ganz in der Nähe in Bethlehem.
Michael: Es ist nicht irgendein Kind, sondern es ist der Sohn Gottes.
Samuel: Er ist gekommen, um den Menschen Frieden zu bringen.
Gabriel: Wie wäre es, wenn ihr jetzt auch nach Bethlehem geht und euch das neugeborene Kind, den Heiland, anseht?

| | |
|---|---|
| Juda: | Oh ja, Mama, Papa, lasst uns dahin gehen! |
| Rahel: | Ich möchte auch nach Bethlehem. |
| Rebecca: | Hm, aber was machen wir so lange mit den Schafen? |
| Gabriel: | Keine Sorge, heute ist eine so besondere Nacht. Es wird den Schafen nichts passieren. |
| Samuel: | Ich denke, wir könnten aus dem Himmel vielleicht sogar ein paar Wächterengel herschicken. Ich werde gleich einmal mit unserem Lehrer Rafael darüber sprechen. |
| Michael: | Wir selbst können nämlich nicht aufpassen. Wir wollen ja auch nach Bethlehem. |
| Simeon: | Okay, wenn ihr dafür sorgt, dass den Schafen nichts passiert, dann wollen wir nun losgehen. Vielen Dank für die gute Nachricht! |

*Die Hirtenfamilie geht nach Bethlehem zum Stall.*
*Die drei Engel gehen zu Rafael.*

| | |
|---|---|
| Rafael: | Das habt ihr gut gemacht! Ich habe auch schon eine Nachricht an das Ministerium geschickt. Die haben sich ein bisschen gewundert, dass nun auf einmal Engel auf Schafe aufpassen sollen. Aber es wird gleich eine Gruppe herkommen. Wir können auch schon nach Bethlehem gehen. |

*Auch die Engel gehen zum Stall, stehen aber noch etwas abseits.*

## 8. Szene: Im Stall

| | |
|---|---|
| Michael: | Ist das nicht schön, wie Maria und Josef sich um das Baby kümmern? |
| Samuel: | Ja, und die Hirten sind auch da, um zu gratulieren. |
| Gabriel: | Und seht mal, dahinten kommt auch der Soldat Markus, der Maria und Josef den Esel geliehen hat. |

*Markus geht zum Stall.*

| | |
|---|---|
| Maria: | Markus, was machst du denn hier? |
| Markus: | Ich wollte einfach nachschauen, ob ihr gut angekommen seid. Mir hat es keine Ruhe gelassen, dass ich euch den weiten Weg hierher geschickt habe. |

Josef: Das finde ich ja nett, wir sind gut angekommen – im letzten Moment! Aber ohne deinen Esel hätten wir es nie geschafft. Vielen Dank!

Michael: Jetzt fehlen nur noch Augustus und Hauptmann Cornelius. Aber die werden nicht extra aus Rom kommen. Die sind wahrscheinlich auch nicht an der Geburt Jesu interessiert.
Samuel: Nee, die bestimmt nicht! Aber die drei Weisen aus dem Morgenland. Die müssten doch noch kommen.
Gabriel: Richtig, mit deinem Stern müssten sie den Weg eigentlich gefunden haben! Seht mal, dahinten! Das sind sie doch, oder?

*Caspar, Balthasar und Melchior kommen.*
Melchior: Mensch, das war jetzt aber ein weiter Weg!
Balthasar: Gut, dass wir den Stern hatten!
Caspar: Aber er ist ja ständig an- und ausgegangen. So einfach war das gar nicht.
Balthasar: Stimmt, doch jetzt strahlt er schon eine ganze Zeit lang ganz klar und ruhig. Wir müssten also da sein.
Melchior: Ja, dahinten sehe ich einen Stall. Wahrscheinlich wird der neue König dort sein.

*Die drei gehen zum Stall.*
Caspar: Wir kommen aus dem Morgenland.
Josef: Herzlich willkommen! Warum seid ihr hier?
Melchior: Wir haben gehört, dass ein neuer König heute geboren wurde. Und wir haben Geschenke mitgebracht. Gold ...
Balthasar: ... Weihrauch ...
Caspar: ... und Myrrhe.
Josef: Vielen Dank! Kommt doch herein! Dort drinnen liegt unser Sohn.

*Alle gehen in den Stall.*
Rafael: So, meine drei Schüler! Jetzt sind alle da. Und das erste Jahr auf der Engelsschule habt ihr gut und erfolgreich absolviert. Ihr müsst noch viel lernen, singen zum Beispiel. Aber Nachrichten könnt ihr schon richtig gut überbringen. Ich denke, wir machen jetzt erst einmal zwei Wochen Schulferien. Das habt ihr verdient. Also: Schöne Ferien und frohe Weihnachten!
Alle: Frohe Weihnachten!

## Predigt

Liebe Gemeinde,

Engel haben offensichtlich ganz schön viel zu lernen – wir haben es vorhin gehört. Sprachen müssen sie lernen und Sport, weil sie lieber zu Fuß gehen und nicht so viel mit den Flügeln erledigen wollen. Sie müssen technischen Verstand haben, um Sterne an- und auszuknipsen. Das Allerwichtigste aber, was Engel können müssen, ist die Nachrichtenübermittlung:

Maria muss erfahren, dass sie schwanger ist und ein ganz besonderes Kind gebären wird – nämlich den Sohn Gottes. Und nach Möglichkeit soll sie sich nicht so sehr erschrecken.

Und auch die Hirten sollen die gute Nachricht hören: Der Heiland ist geboren. Es ist eine erschütternde Nachricht. Und doch sollen die Hirten die Nachricht so bekommen, dass sie keine Angst haben.

Das alles ist schon eine knifflige Aufgabe für die drei Engelsschüler. Aber sie haben es ja hervorragend gemeistert und ihre Nachrichten-Übermittlungsprüfung bestanden. Toll!

„Der Heiland ist geboren! Gott ist Mensch geworden! Jesus ist der Retter der Menschheit!" Das ist die Botschaft der Engel und genau das ist die Weihnachtsbotschaft. Das feiern wir heute.

Gott ist nicht weit weg im Himmel. Er ist nicht unerreichbar für uns. Nein, er wird ein Mensch. Zunächst ist er ein ganz normales Baby mit allem, was dazugehört, mit Milch trinken und Windeln dreckig machen. Später ist er Kind, Jugendlicher, Erwachsener. Und auch als Erwachsener ist er ein Mensch – ein Mensch wie du und ich.

Doch auch er bringt uns Menschen eine Botschaft – wie die Engel. Und diese Botschaft sagt er allen Menschen: „Gott liebt euch! Gott will für euch da sein! Gott will euch vergeben, wenn ihr Fehler macht! Gott will den Menschen Frieden schenken – und zwar Frieden bis in alle Ewigkeit." Das ist Jesu Botschaft für uns, das ist Gottes Botschaft für uns.

Genau dafür ist Gott Mensch geworden, dafür ist Jesus geboren worden – um uns die Friedensbotschaft Gottes zu bringen und diese

Botschaft auch schon wahr werden zu lassen. Das kleine Kind, das wir heute feiern, bringt uns die Liebe und den Frieden Gottes. Diese Weihnachtsbotschaft bringen die Engel den Hirten auf den Feldern: „Gottes Liebe ist in die Welt gekommen!"

Liebe Gemeinde, wir brauchen immer wieder solche Engel – Engel, die uns diese Liebesbotschaft Gottes neu weitersagen. Eigentlich brauchen wir jeden Tag einen Engel, der uns daran erinnert, dass Gott für uns da ist – nicht nur zu Weihnachten. Leider kommt nicht jeden Tag ein Engel oder ein Engelsschüler mit dieser guten Nachricht direkt aus dem Himmel zu uns.

Deshalb sollten wir alle hier, Kleine und Große, überlegen, ob wir nicht auch Engelsschüler werden möchten. Wir müssen dafür gar nicht mehrere Jahrhunderte auf die Engelsschule gehen. Wir brauchen auch keine Flügel, müssen keine Sterne anknipsen und fremde Sprachen brauchen wir dabei auch nicht.

Wir können einfach zu Hause erst einmal üben, indem wir Mama und Papa oder unseren Kindern, den Großeltern oder auch Freunden jeden Tag oder jeden zweiten oder zumindest immer mal wieder sagen: „Gott liebt dich!" oder: „Gott ist für dich da!" oder in diesen Tagen: „Freue dich: Mit Jesus ist Gottes Liebe in die Welt gekommen!".

Wenn wir diese Gute Nachricht – die Weihnachtsbotschaft der Engel – unseren lieben Menschen zu Hause weitersagen, dann können wir für sie zum Engel werden – ganz ohne Engelsschule.

Amen.

# 8. Urlaub mit „Bethlehem Tours"

## Einführung

Hannah und Ephraim haben mit ihrem achtjährigen Sohn David schon häufig Urlaubsreisen mit „Bethlehem Tours" gemacht. Dieses Jahr buchen sie bei der Geschäftsführerin Sarah eine dreiwöchige Reise ins Morgenland mit einem Zwischenstopp in Bethlehem.

Währenddessen besucht der Engel Gabriel Maria und kündigt ihr an, dass sie in Bethlehem den Sohn Gottes zur Welt bringen wird. Kurz danach kommt Josef zu Maria. Er hat einen Brief von der römischen Besatzungsmacht erhalten, in dem eine Volkszählung angeordnet wird. Dafür soll jeder in die Stadt seiner Vorfahren gehen. Die beiden wissen nicht, wie sie nach Bethlehem kommen sollen. So fragen sie Sarah nach einer Mitfahrgelegenheit. Die kann ihnen aber nur einen reiseerprobten Esel anbieten.

Ein paar Monate später beginnt die Urlaubsreise der Familie, die sie zunächst nach Babylon führt. Dort treffen sie die Wissenschaftler Prof. Dr. Dr. Melchior, Dr. Caspar und Dr. Balthasar. Sie sind Fachleute für Sternenkunde. Beim Blick durchs Teleskop entdeckt David einen besonders hell leuchtenden Stern, den die Wissenschaftler als Zeichen dafür deuten, dass in Kürze ein neuer König geboren wird. Sie wollen sofort los, um den neuen König zu suchen. Da ihr eigener Wagen kaputt ist, dürfen sie im Bus mitfahren.

Etwas später kommen Maria und Josef zu Fuß in Bethlehem an.

Ihr Esel hat unterwegs schlappgemacht. Ein Zimmer finden sie nicht, dafür bietet ihn die Wirtin ihren Stall an. Hier wird Jesus geboren.

Auf dem Feld in der Nähe lagern ein paar Hirten. Zu ihnen kommt Engel Gabriel und erzählt von Jesu Geburt. Er schlägt vor, dass sie auch nach Bethlehem zum Kind gehen. Zufällig macht der Bus von „Bethlehem Tours" eine kurze Pause bei den Hirten. Sarah lädt die Hirten und Gabriel ein, im Bus mit nach Bethlehem zu fahren.

So kommt der Bus mit den Hirten und Wissenschaftlern, mit Gabriel und mit der Familie in Bethlehem an. Alle steigen aus und gehen zum Stall. Maria und Josef freuen sich, dass so viele Gäste zur Geburt gekommen sind, und alle feiern gemeinsam im Stall das Weihnachtsfest.

## Materialliste und technische Hinweise

### Material
- Kostüme
- Stern
- Stall mit Krippe
- Puppe als Jesuskind
- Schreibtisch (1. Szene)
- Reiseprospekte (1. Szene) – *stehen zum Ausdruck bereit (sinnvollerweise auf buntem Papier ausdrucken und als Falzflyer dritteln)*
- Kugelschreiber (1. Szene)
- Tasse Kaffee (2. Szene)
- Ausweis für Gabriel mit zwei Sternen (2. Szene) – *steht zum Ausdruck bereit (am besten laminieren)*
- Gabriels Nachricht für Maria (2. Szene) – *steht zum Ausdruck bereit*
- Brief des Quirinius an Josef (2. Szene) – *steht zum Ausdruck bereit*
- Reisebus (4. Szene)
- Teleskop (5. Szene)
- Wasserflasche (6. Szene)
- Wirtshaus (6. Szene)

- Ausweis für Gabriel mit drei Sternen (7. Szene) – *steht zum Ausdruck bereit (am besten laminieren)*
- Gold, Weihrauch und Myrrhe (8. Szene)
- Schafskäse (8. Szene)

**Hinweise**
*Aufführung des Krippenspiels in vier Teilen*
Teil 1: 1. – 3. Szene
Teil 2: 4. – 5. Szene
Teil 3: 6. – 7. Szene
Teil 4: 8. Szene

*Bau eines „Reisebusses"*
Im Zentrum des Krippenspiels steht die Urlaubsreise einer Kleinfamilie von Nazareth über das Morgenland nach Bethlehem. Hierfür ist ein Busmodell anzufertigen. Da es kaum über die Bühne zu bewegen sein wird, sollte der Bus während des Krippenspiels immer an der gleichen Stelle stehen.

## Das Stück

*Große Rollen:*   Sarah, Geschäftsführerin von Bethlehem Tours
Hannah, Urlauberin
Gabriel, Engel
Maria, Mutter von Jesus
Josef, Marias Mann

*Mittlere Rollen:*   Prof. Dr. Dr. Melchior, Wissenschaftler
Mirjam, Wirtin
Rahel, Hirtin
Ruben, Hirte

*Kleine Rollen:*   Ephraim, Hannahs Mann
David, Kind von Hannah und Ephraim
Dr. Caspar, Mitarbeiter von Prof. Melchior
Dr. Balthasar, noch ein Mitarbeiter

### 1. Szene: Hannah bucht eine Reise

*Hannah kommt in das Reisebüro der Firma „Bethlehem Tours". Sarah, die Geschäftsführerin, sitzt hinter dem Schreibtisch.*

Hannah:   Moin, Sarah.

Sarah:   Ja, guten Tag, Hannah, das ist ja schön, dass du mal wieder bei mir vorbeiguckst. Was kann ich für dich tun?

Hannah:   Ephraim und ich würden gerne mal wieder Urlaub machen. Und dein Reiseunternehmen ist einfach das beste.

Sarah:   Oh, danke. Das freut mich. Wo soll es denn hingehen? Ich habe gerade Rom im Angebot, der Zirkus ist immer eine Reise wert. Oder Ägypten mit den Pyramiden und der Bibliothek in Alexandria. Oder mal richtig Badeurlaub in Spanien?

Hannah:   Badeurlaub haben wir letztes Jahr erst gemacht. Da sind wir doch auch mit dir gefahren: An die Nordsee, ganz weit

| | |
|---|---|
| | im Norden – wie hieß der schöne Ort noch, Nord... Nord... Nord... Nordhafen? |
| Sarah: | Norddeich war das. Stimmt, das hat eurem Sohn David doch so gut gefallen. |
| Hannah: | Das war richtig toll. Den ganzen Tag am Strand und zwischendurch ins Wasser – wenn es denn mal da war. Der Blick auf die Inseln – alles super. Aber in diesem Jahr wollen wir nicht so weit und stattdessen ein bisschen Kultur erleben. Richtung Babylon wäre ganz schön, ins Morgenland. Da soll es doch eine Universität geben. Und da David später auch mal studieren soll, wollen wir uns das gerne angucken. |
| Sarah: | Ihr plant jetzt schon Davids Studium?! Er ist doch erst sieben. |
| Hannah: | Nein, er ist acht und man sollte nicht zu spät anfangen, sich zu informieren. Hast du denn etwas im Angebot? |
| Sarah: | Mal sehen, Kreta, Athen – Griechenland ist gerade recht billig zum Urlaub machen. Wäre das nicht was? |
| Hannah: | Nein, es soll auf jeden Fall das Morgenland sein. |
| Sarah: | Na gut, Indien, Libanon, Syrien – ah, hier haben wir was: „Morgenland – Eine Fahrt in eine frühere Hochkultur: Babylon, Ur, Assur". Hier steht: „Auf dem Rückweg wird ein Zwischenstopp in Bethlehem eingelegt, der alten Stadt des Königs David." Das wird eurem Sohn gefallen. |
| Hannah: | Das hört sich gut an. Wann wird es denn losgehen? |
| Sarah: | Es ist eine dreiwöchige Tour, Beginn am 4. Dezember in Nazareth, zwei Tage Fahrt ins Morgenland. Dort bleiben wir bis zum 22. – Das sollte wirklich genug Zeit für das Morgenland sein. – Am 24. Zwischenstopp in Bethlehem und am 25. zurück nach Nazareth. |
| Hannah: | Ich glaube, ich werde sofort buchen. Ephraim und David werden sich freuen. |
| Sarah: | „Bethlehem Tours" dankt – bitte hier unterschreiben. Schon ist alles erledigt. Wir sehen uns dann spätestens am 4. Dezember – um 9 Uhr geht's los. |

*Hannah guckt aus dem Fenster. Engel Gabriel läuft gerade über den Marktplatz zu Marias Haus.*

Hannah:    Hast du den da draußen schon mal gesehen? Der sieht ja seltsam aus.

Sarah:    Nee, den kenne ich nicht. Er scheint nicht von hier zu kommen.

## 2. Szene: Verkündigung der Maria

*Maria sitzt am Tisch, eine Tasse Kaffee vor sich auf dem Tisch.*

Maria:    Puh, Hausarbeit finde ich ja doch immer anstrengend. Abgewaschen und Wäsche gewaschen, jetzt das ganze Haus sauber gemacht – gleich koche ich Essen, damit Josef etwas essen kann, wenn er auf seiner Baustelle Mittagspause macht. Aber eine kleine Kaffeepause habe ich mir verdient.

*Es klopft an der Tür.*

Maria:    Wer mag das um diese Zeit sein? Habe ich einen Termin vergessen?

*Maria öffnet die Tür – Gabriel steht davor.*

Maria:    Guten Tag, was kann ich für dich tun?

Gabriel:    Guten Tag, mein Name ist Gabriel, Sondergesandter Gottes – also ein Engel. Bist du Maria, die Frau von Josef?

Maria:    Na ja, noch die Verlobte von Josef. – Aber wir wollen bald heiraten. Kannst du dich denn ausweisen?

Gabriel:    Einen Moment …

*Gabriel kramt seinen goldenen Ausweis aus der Tasche. Maria guckt ihn sich ganz intensiv an.*

Maria:    Das Bild stimmt aber nicht mehr so ganz.

Gabriel:    Ja, richtig, der Ausweis ist schon einige hundert Jahre alt.

Maria:    Und was bedeuten die zwei großen „E" und die zwei Sterne hinter deinem Namen?

Gabriel:    Das eine „E" steht für „Erz", das andere für Engel – also Erzengel. Die zwei Sterne sind eine Auszeichnung dafür, dass ich schon zwanzig Mal Nachrichten Gottes verlässlich an die Menschen geliefert habe. Eigentlich bin ich schon bei 29 Mal. Alle zehn Mal gibt es einen Stern dazu. Also wenn ich jetzt gleich fertig bin, erscheint automatisch ein dritter Stern. – Kann ich jetzt endlich reinkommen?

Maria: Na gut, komm rein.

*Beide gehen ins Haus.*

Gabriel: Setz dich besser hin.

*Maria setzt sich.*

Gabriel: Also Maria, wie gesagt, Gott selbst schickt mich und hat folgende Nachricht – Moment, ich habe es mir aufgeschrieben *(holt einen Zettel aus der Tasche):*
Gute Nachricht für Maria aus Nazareth: Du, Maria, wirst einen Sohn bekommen.
Diesen Sohn sollst du Jesus nennen. Er wird Gottes Sohn und der Retter der Menschheit sein. Erwarteter Geburtstermin: 24. Dezember in Bethlehem.

Maria *(etwas erregt, steht auf):* Ein Kind?! Dieses Jahr noch?! Was wird Josef dazu sagen?! Wieso in Bethlehem?! Hast du dich vielleicht verlesen? Oder liegt da ein Irrtum vor? Wir sind doch hier in Nazareth.

Gabriel: Nein, hier steht es gold auf weiß. Und Gott irrt sich nie. So, Maria, jetzt muss ich auch weiter. Alles Gute für die nächsten Monate.

*Gabriel geht wieder – Maria bleibt am Tisch sitzen. Josef kommt rein.*

Josef: Hallo Maria, ich bin heute etwas früher. Ist das Essen schon fertig? – Was ist denn mit dir los? Ist irgendetwas passiert? Hat das mit dem seltsamen Fremden zu tun, der mir gerade entgegengekommen ist?

Maria: Oh, Josef. Der Fremde war ein Engel. Er sagte, wir würden ein Kind bekommen. Es soll Jesus heißen, der Sohn Gottes sein, die Welt retten und – in Bethlehem geboren werden. Ich bin ganz durcheinander!

| | |
|---|---|
| Josef: | Ich freue mich. Endlich bekommen wir ein Kind und dann auch noch einen Sohn. Aber Bethlehem verstehe ich auch nicht – aber lustig, wusstest du eigentlich, dass ich von König David aus Bethlehem abstamme? Fast alle meine Vorfahren stammen aus Bethlehem, und jetzt soll mein Sohn dort geboren werden! |
| Maria: | Aber warum sollten wir dahin? |
| Josef: | Lass uns das einfach mal abwarten. Ist eigentlich Post gekommen? |
| Maria: | Ich habe noch gar nicht geguckt. |
| Josef: | Na, dann geh ich mal schnell zum Briefkasten. |

*Josef geht zum Briefkasten. Holt einen Brief raus.*

| | |
|---|---|
| Josef: | Guck mal, Maria, heute ist wohl der Tag der offiziellen Bekanntmachungen. Dies ist ein Brief von der römischen Besatzungsmacht, sogar direkt aus Rom. Ich lese mal vor: „An alle Einwohner Galiläas und Palästinas. Hiermit wird eine Volkszählung angeordnet. Dazu begibt sich jeder Einwohner mit seiner Familie in die Heimatstadt seiner Vorfahren, um sich dort in Steuerlisten einzutragen. Für jede Stadt ist ein Zähltag vorgesehen: Kapernaum: 23. Dezember, Bethlehem: 24. Dezember, Jerusalem: 25. Dezember und Nazareth: 26. Dezember. Jeder Einwohner hat sich pünktlich zu melden, Verspätungen werden bestraft. Quirinius, Statthalter von Syrien." Jetzt wissen wir, warum wir nach Bethlehem müssen. Weißt du was, ich werde gleich mal Sarah von „Bethlehem Tours" fragen, ob sie an dem Tag vielleicht ihren Kleinbus verleiht und uns nach Bethlehem fahren kann. |
| Maria: | Gute Idee – in der Zeit werde ich Essen kochen. |

*Josef geht zu Sarah.*

**3. Szene: Sarah verspricht Josef einen Esel**

Sarah: Moin, Josef, heute ist hier ja was los. Vorhin war erst Hannah hier und hat eine Reise für ihre Familie gebucht. Wollt ihr auch verreisen?

Josef: Von „wollen" kann gar keine Rede sein. Maria hat gerade erfahren, dass sie schwanger ist ...

Sarah: Na, herzlichen Glückwunsch.

Josef: Danke, danke, aber gleichzeitig ist Post aus Rom gekommen, dass wir am 24. Dezember zur Volkszählung nach Bethlehem müssen, und genau der 24. Dezember ist der errechnete Geburtstermin. Da dachte ich, ich frag dich mal, ob du uns nicht für den Tag deinen Kleinbus ausleihen könntest, damit wir schnell nach Bethlehem fahren können, um die Sache zu erledigen.

Sarah: Ja, von dieser dusseligen Volkszählung habe ich auch schon gehört. Da wollen uns die Römer wohl wieder nur finanziell auspressen. Mit dem Bus muss ich dir leider absagen. Wir sind an diesem Tag sogar mit dem Bus in Bethlehem, aber das ist auf dem Rückweg einer dreiwöchigen Morgenlandreise. Wir haben aber noch einen reiseerprobten Esel, den ich dir gerne für den Weg ausleihen kann.

Josef: Danke, ein Esel ist besser als gar nichts. Bis dann ...

**4. Szene: Abfahrt**

*Hannah, Ephraim und David laufen mit ihren Koffern zum bereitstehenden Bus. Sarah steht davor.*

Sarah: Herzlich willkommen bei „Bethlehem Tours". Schön, dass ihr wieder mit uns reist.

Ephraim: Danke, Sarah, wir freuen uns schon riesig auf die Reise. Nicht wahr, David?

David: Also ich würde viel lieber nach Norddeich fahren. Seehunde und Erlebnisbad finde ich wirklich spannender als eine Universität im Morgenland.

Hannah: Na, na, David, du wirst bestimmt viel Spaß auf der Reise haben. Bestimmt fahren noch andere Familien mit. Wo sind die denn eigentlich, Sarah?

Sarah: Tja, das ist ein Problem. Ihr seid die einzigen, die sich angemeldet haben. Ich hatte eigentlich vor, die Reise abzusagen. Aber das wäre sehr schlechte Werbung, daher fahren wir jetzt nur zu viert. Also auf geht's!

*Alle vier steigen in den Bus. Josef kommt angerannt.*

Josef: Stopp! Sarah, du hast mir doch den Esel versprochen. Maria und ich wollen in den nächsten Tagen los – wir müssen doch nach Bethlehem zur Volkszählung.

*Sarah steigt noch mal aus.*

Sarah: Ja richtig, Josef. Das habe ich total vergessen. Geh einfach hinter mein Haus in den Garten, da steht mein Esel Johannes. Der hat mir schon viele Jahre treue Dienste geleistet.

Josef: Danke – dann werde ich ihn mal holen. Wir wollen morgen schon los und in kurzen Etappen über Sichem, Bet-El und Jerusalem nach Bethlehem wandern. Maria ist unglaublich dick geworden – Jesus wird bestimmt ein ganz schön schwerer Junge werden. Ohne Esel würden wir es wohl gar nicht schaffen. Euch eine gute Urlaubsfahrt.

Sarah: Ja, und euch eine ruhige Wanderung. Alles Gute für Maria.

*Josef geht los und sucht den Esel. Sarah steigt in den Bus. Fährt los.*

Sprecher: Drei Wochen später:

**5. Szene: In Babylon**

Sarah: So, liebe Mitreisende, wir sind auf unserer vorletzten Station angekommen: Babylon. Hier lebte einst der mächtige König Nebukadnezar – hier finden sich noch Reste des großen Ischtar-Tores und heute ist Babylon eine berühmte Universitätsstadt – bekannt für sein außergewöhnliches „Institut für Astronomie und Astrologie". Genießt die nächsten Stunden. Übermorgen, am 22., machen wir uns auf den Rückweg. Ich leg mich erst einmal schlafen.

*David, Ephraim und Hannah steigen aus.*

Ephraim: Na, David, wie hat dir die Fahrt bisher gefallen?

David: Ach ja, war doch ganz nett. Am besten war das Baden im Persischen Golf. Aber müssen wir denn jetzt noch unbedingt in diese Universität? Ich bin doch erst acht.

Hannah: Das schadet nichts, jetzt schon mal deine Zukunft zu planen. Außerdem haben wir gleich einen Termin bei Prof. Dr. Dr. Melchior, einer ausgesprochenen Koryphäe im Bereich Sternenkunde.

*Prof. Melchior kommt mit Dr. Caspar um die Ecke.*

Caspar: Ah, guten Tag, können wir Ihnen helfen?

Hannah: Ja, mein Name ist Hannah. Das sind mein Mann Ephraim und unser Sohn David. Wir sind aus Palästina auf einer Urlaubsreise und sind hier mit einem Prof. Melchior verabredet. Er wollte uns und besonders meinem Sohn etwas über Astronomie erzählen.

Melchior: Das trifft sich ja gut. Ich bin Prof. Melchior, schön, dass ihr da seid. Das ist mein junger Mitarbeiter Dr. Caspar. Ein aufstrebender Nachwuchsastronom. Kommt doch einfach mit in unser Labor. Ich denke, da wird mein anderer Mitarbeiter Dr. Balthasar gerade den Himmel beobachten. Dann können wir drei ein bisschen reden.

*Alle gehen los.*

Melchior *(zu David):* Hast du denn schon irgendwelche Fragen?

David: Also ich bin erst acht und eigentlich denke ich noch gar nicht an ein Studium.

Caspar: Das ist natürlich noch ziemlich jung. Aber in deinem Alter habe ich auch schon angefangen, die Sterne zu beobachten – Sternbilder abzumalen. Vielleicht hast du schon mal vom Sternbild der Großen Arche oder vom Kleinen

Weihnachtsbaum gehört. Diese Sternbilder habe ich als Jugendlicher entdeckt. – So, da vorne ist auch schon unser Labor und Dr. Balthasar guckt gerade durchs Teleskop.

Balthasar: Hallo, ich bin Dr. Balthasar. Du willst also die Welt der Sterne erkunden? Du kannst gerne auch mal durch das Teleskop sehen. Im Moment sieht man nicht ganz so viel, es ist ja gerade Tag.

David: Ja, gerne.

*Er guckt durchs Teleskop.*

David: Also eigentlich sehe ich gar nichts – langweilig. (*Ein Stern beginnt zu leuchten.*) Doch ... da ... da ist ein superheller Stern. Was ist das denn für einer?

Balthasar: Also superhelle Sterne gibt es gerade natürlich überhaupt nicht zu sehen – mitten am Tag. Da musst du noch einmal genau hinsehen!

David: Doch, guck doch selbst. Plötzlich war der da.

*Balthasar sieht durchs Teleskop – er wird ganz aufgeregt.*

Balthasar: Prof. Melchior, Prof. Melchior! Komm mal ganz schnell her und guck dir das an. Ein Stern mitten am Tag!

*Melchior sieht durchs Teleskop.*

Melchior: Hm, ja, hm, hm ... Erinnert ihr beide euch noch an die Vorlesung im zweiten Semester: Astrologie II? Da habe ich davon gesprochen, was es bedeutet, wenn mitten am Tag ein heller Stern am Himmel erscheint. Weiß es noch jemand?

Caspar: Ja, klar – ich erinnere mich: Das war doch der Hinweis darauf, dass ein Erdbeben bevorsteht.

Balthasar: Quatsch! Der helle Stern kündigt einen kommenden Krieg an.

Melchior: Habt ihr denn gar nicht aufgepasst? Dieser Stern bedeutet, dass in Kürze ein neuer König geboren wird – ein Heilsbringer und Hoffnungsträger. Wir sollten da hinfahren und ihn uns ansehen. Eine wissenschaftliche Forschungsreise.

| | |
|---|---|
| Caspar: | Aber woher wissen wir denn, wo wir hinmüssen? |
| Melchior: | Das ist doch ganz einfach. Wir müssen einfach dem Stern folgen. Ich tippe mal, Richtung Jerusalem wäre gar nicht schlecht. Sie, liebe Familie Ephraim, haben hoffentlich Verständnis, dass wir unser Gespräch jetzt abbrechen müssen. Seit Jahren habe ich auf diesen Stern gewartet. Ich muss dringend da hin. <br> Balthasar, fahr doch schon einmal den Dienstwagen vor! Wir haben es eilig. |
| Balthasar: | Entschuldigung, Professor, nach unserer letzten Tour nach Indien ist der Wagen immer noch in der Reparatur. Die Fahrt durch den Ganges hat dem Wagen nicht gutgetan. |
| Melchior: | So ein Mist! – Entschuldigt meine Ausdrucksweise! Ich bin gerade etwas angespannt. Wie kommen wir denn jetzt bloß da hin? |
| Hannah: | Ich habe eine Idee: Wir sind ja mit einem Reiseunternehmen hier und fahren morgen direkt weiter nach Bethlehem. Das ist ja in der Nähe von Jerusalem. In unserem Bus sind noch einige Plätze frei. Vielleicht wollt ihr mit uns fahren. Dann könnt ihr unterwegs noch von eurer Arbeit erzählen. |
| Melchior: | Das ist eine tolle Idee. Ein herzliches Dankeschön im Namen der ganzen modernen Wissenschaft. Lasst uns gleich losfahren. |

*Die Wissenschaftler und die Familie gehen los. Sie steigen in den Bus.*

| | |
|---|---|
| Hannah: | Hallo, Sarah, wir haben noch Mitfahrer mitgebracht. Ich hoffe, das ist in Ordnung … |

## 6. Szene: Maria und Josef kommen in Bethlehem an

| | |
|---|---|
| Maria: | Josef, ich kann nicht mehr. |
| Josef: | Lass uns noch eine letzte Pause machen. Aber ich denke, wir haben es bald geschafft. Dort hinten kann ich schon ein paar Häuser sehen. Ich glaube, das ist Bethlehem. |

Maria: Gut, einen kleinen Moment hinsetzen, dann geht es auch wieder. In Bethlehem suchen wir uns ein schönes Gasthaus und dann ist alles gut.

Josef: So machen wir es. So von ferne kommt mir Bethlehem ziemlich klein vor. Hoffentlich gibt es dort ein Gasthaus. *(kleine Pause)* Ganz schön ärgerlich mit dem Esel. Sarah hatte gesagt, dass er ein erfahrener Reiseesel ist. Und dann ...

Maria: ... dann macht er kurz vor Jerusalem schlapp. Wir müssen auf dem Rückweg daran denken, ihn bei dem freundlichen Bauern, der ihn aufgenommen hat, wieder abzuholen.

Josef: Ja, aber eigentlich müssen wir uns darüber jetzt keine Gedanken mehr machen. – So, noch einen Schluck Wasser, dann geht's weiter.

*Beide trinken.*

Maria *(stöhnt):* Na, dann wollen wir mal. Die letzten Meter schaffe ich jetzt auch noch.

*Beide gehen nach Bethlehem hinein.*

Josef: Maria, wir haben Glück, da vorne sehe ich ein Gasthaus. Ich werde mal klopfen.

*Josef klopft. Es passiert nichts. Er klopft noch einmal.*

Wirtin: Guten Tag, willkommen in Bethlehem. Entschuldigt, dass ich so spät rauskomme. Wir haben wegen der Volkszählung unheimlich viel zu tun. Was kann ich denn für euch tun?

Maria: Wir sind Josef und Maria. Wir haben in den letzten Tagen den weiten Weg von Nazareth hierher zu Fuß zurückgelegt. Nun sind wir einfach nur noch müde und kaputt. Wir brauchen ein Bett – mehr nicht. Außerdem (sie klopft auf ihren Bauch) bin ich schwanger und erwarte in den nächsten Tagen unseren ersten Sohn.

Wirtin: Na, dann alles Gute für die Geburt. Leider muss ich euch sagen, dass ich kein einziges Bett mehr frei habe. Ich erwarte in den nächsten Stunden eine Reisegruppe, die aus

| | |
|---|---|
| | dem Morgenland hierher unterwegs ist. Da habe ich leider nichts mehr frei. Es tut mir sehr leid. |
| Josef: | Danke, da kann man wohl nichts machen. Dann werden wir mal weitersuchen. |

*Maria und Josef drehen sich schon weg und wollen weggehen.*

| | |
|---|---|
| Wirtin: | Wartet, hier in Bethlehem findet ihr nichts mehr. Das andere Gasthaus ist im letzten Sommer abgebrannt und noch nicht wieder aufgebaut worden. Und das nächste Dorf ist zu weit weg. Unter einem Baum auf dem Feld wollt ihr ja wohl auch nicht schlafen. Das wird nachts ganz schön kalt. |
| Maria: | Nein, bitte nicht noch eine Nacht im Freien. |
| Wirtin: | Ich habe zwar kein Bett mehr frei. Aber ich habe einen Stall, da ist es auch nachts ein bisschen warm. Mein Ochse und mein Esel stehen auch dort. Ich kann euch ein paar Laken herausbringen. Ihr könnt die Strohballen so hinlegen, wie ihr es möchtet, und dann sollte es für eine Nacht gehen. Morgen wird es wieder leerer bei mir im Gasthaus, dann könnt ihr auch bei mir wohnen. |
| Josef: | Sollen wir, Maria? |
| Maria: | Ja, danke, gerne, alles ist besser als im Freien zu schlafen. |

*Sie gehen zusammen in den Stall.*

## 7. Szene: Die Hirten auf dem Feld

| | |
|---|---|
| Ruben: | Du, Rahel, hast du gehört, dass in Bethlehem heute einiges los ist? |
| Rahel: | Ja, wegen der Volkszählung sind so viele Menschen gekommen. Sie müssen sich doch in die Steuerlisten eintragen. Außerdem hat mir Mirjam, die Wirtin, erzählt, dass eine Touristengruppe heute Abend noch kommt. Bethlehem als Touristenort, wer hätte das gedacht?! |
| Ruben: | Wie gut, dass wir von der ganzen Unruhe nichts mitbekommen – und hier draußen schön zusammen mit unseren Schafen Ruhe haben. |

Rahel: Ja, Ruhe, *(gähnt)* das tut einfach gut: Der schöne Sonnenuntergang, die milde Luft, niemand, der was von uns will. Dieser helle Stern dort am Himmel. Einfach schön.
Es war auch toll vom Bürgermeister, dass wir uns schon gestern in die Liste eintragen durften. Wirklich erlaubt war das ja nicht – die Römer haben ja nur einen Tag für jeden Ort vorgesehen. Ich glaube, ich lege mich mal für einen Moment hin.

Ruben: Tu das! Ich gucke ein bisschen auf die Schafe.

*Rahel legt sich hin. Nach einiger Zeit stößt Ruben sie an.*

Ruben: Rahel, wach auf, da kommt jemand!

Rahel: Wo denn?

Ruben: Dort hinten – weißt du, wer das ist?

Rahel: Nee, den habe ich noch nie gesehen. Der sieht irgendwie besonders aus. War wohl nix mit Ruhe heute Abend.

*Gabriel kommt.*

Gabriel: Guten Abend, meine lieben Hirten.

Ruben: Guten Abend.

Rahel: Guten Abend, wer bist du denn? Und was willst du hier draußen?

Gabriel: Ich wollte genau zu euch beiden.

Rahel: Zu uns?!

Gabriel: Ja, genau. Ich habe euch etwas Tolles mitzuteilen: Heute ist etwas ganz Besonderes in Bethlehem passiert ...

Ruben: Oh, kein Interesse, wir wollen nur unsere Ruhe haben.

Gabriel: Warte erst einmal ab! Ganz Israel, und ihr doch auch, wartet schon lange auf die Geburt des Messias. Heute ist es so weit – vorhin wurde in Bethlehem in einem Stall der Sohn Gottes geboren. Er ist der Retter der Welt. Er wird Frieden für die Welt bringen.

Ruben: Hm, der Retter der Welt. Woher willst du das denn wissen?

Gabriel: Ja, richtig, ich habe ja ganz vergessen, mich vorzustellen: Ich bin Gabriel, ein Engel, ein Bote Gottes. Und ehe ihr fragt: Hier ist sogar mein Ausweis: Erzengel Gabriel – die drei Sterne stehen dafür, dass ich schon dreißig Botschaften von Gott ordentlich zugestellt habe. Ihr habt die 31. Botschaft gehört.

*Ruben und Rahel sehen sich den Ausweis an.*

Rahel: Scheint echt zu sein. Was sollen wir denn jetzt tun?
Gabriel: Natürlich ist der echt! Wie wäre es, wenn ihr auch nach Bethlehem geht und euch das Kind anseht?
Ruben: Na ja, eigentlich wollten wir ja einen ruhigen Abend haben. Aber der Messias wird ja nicht jeden Tag geboren. Und außerdem hast du den Tag ja sowieso schon gestört. Ruhig ist er nicht mehr. Und was ist das da hinten? Kommt jetzt auch noch ein Bus hierher?
Rahel: Der viele Verkehr heutzutage kann schon echt nerven.

*Hannah, Ephraim, David, Sarah und die Wissenschaftler steigen aus dem Bus aus.*

David: Sind wir endlich da?
Sarah: Noch nicht ganz, dort könnt ihr schon Bethlehem sehen, wir machen jetzt noch eine kurze Rast, eine kleine Pipi-Pause, und dann geht's weiter.
Ephraim: Ach, guck mal, dahinten sind ein paar Hirten. Wir können uns ja auch mit denen ein wenig unterhalten.
Hannah: Und sag mal, Sarah, ist da nicht auch dieser komische Typ, den wir vor ungefähr neun Monaten in Nazareth gesehen haben?
Sarah: Du hast recht – Zufälle gibt's! Lass uns mal hingehen.
Melchior: Geht ruhig mal, wir bleiben beim Bus. Ich habe gerade ein paar ganz außergewöhnliche Gesteinsbrocken entdeckt. Wir werden die untersuchen. Es scheinen kleine Meteore zu sein. Das ist für uns Astronomen natürlich sehr interessant.

*Hannah, Ephraim, David und Sarah gehen zu den Hirten.*

Ruben *(zu Rahel)*: Na, mit Ruhe ist heute wirklich nichts. Jetzt kommen die auch noch alle zu uns.

| | |
|---|---|
| Rahel: | Guten Tag. |
| Hannah: | Guten Tag. Wir wollen euch gar nicht stören. Wir machen nur eine kurze Pause und wollen gleich weiter nach Bethlehem. |
| Ruben: | Ach, wollt ihr auch den Messias anschauen? |
| Sarah: | Messias?! Nein, eigentlich nicht. Wir haben da für heute Nacht auf unserer Urlaubsreise ein Hotel gebucht. Ich heiße übrigens Sarah, Geschäftsführerin von „Bethlehem Tours". Irgendwo habe ich auch noch einen Reiseprospekt, falls ihr mal Urlaub machen wollt. |
| Ruben: | Uns reicht die Ruhe, die wir als Hirten haben. Aber da habe ich eine Idee: Könntet ihr uns vielleicht mit nach Bethlehem nehmen? Wir haben gerade von dem Engel hier gehört, dass in Bethlehem eine besondere Geburt stattgefunden hat – wie war noch dein Name? |
| Gabriel: | Oh, ich heiße Gabriel, Erzengel. |
| Sarah *(zu Hannah):* | Ein Engel ist er also. Er kam mir ja gleich so seltsam vor. |
| Ruben: | Genau, Gabriel. Er hat vorgeschlagen, dass wir heute nach Bethlehem fahren und dort den versprochenen Retter, den Sohn Gottes, besuchen. |
| Rahel: | Gute Idee, würdet ihr uns mitnehmen? Das wäre wirklich toll. |
| Sarah: | Na ja, ein paar Plätze sind noch frei – und es ist ja nicht weit bis Bethlehem. Ja, kommt mit, vielleicht habt ihr ja Lust, später doch noch mal eine Urlaubsfahrt mit mir zu unternehmen. |
| Rahel: | Danke. |
| Gabriel: | Wenn es euch recht ist, würde ich auch gerne noch mitfahren. Ich wollte auch nach Bethlehem. |
| Sarah *(stöhnt):* | Ja, ach, dann seid ihr alle heute eingeladen. Es scheint ja ein besonderer Abend zu werden. |

**8. Szene: Bus kommt in Bethlehem an – Geburt Jesu**

Sarah: Da sind wir endlich. Bethlehem – Marktplatz. Bitte alle aussteigen! Meine Reisegruppe findet auf der rechten Seite ihr Hotel. Morgen früh um 8 Uhr fahren wir zurück nach Nazareth. Von allen anderen verabschiedet sich „Bethlehem Tours" für heute, und ich hoffe, dass ihr auch bald mal eine Reise mit mir macht.

*Die drei Weisen steigen aus.*

Balthasar: Herzlichen Dank, Sarah, dass du uns mitgenommen hast. Die Rechnung schicke bitte an das „Astronomische und Astrologische Institut in Babylon".

Caspar: Wir haben zwar auch etwas Gold dabei, aber das wollen wir dem neugeborenen König schenken.

Melchior: Genau, zusammen mit Weihrauch und Myrrhe. Das sind gute Geschenke für einen König. Noch einmal vielen Dank!

Caspar: Oh, seht mal, da vorne, direkt neben dem Hotel, über einem Stall, strahlt der Stern. Lasst uns schnell hinlaufen.

*Die drei Weisen gehen zum Stall. Die beiden Hirten steigen aus.*

Rahel: Auch wir bedanken uns herzlich fürs Mitnehmen. Leider haben wir nichts zum Bezahlen.

Ruben: Aber ich könnte dir etwas von unserem guten Schafskäse geben.

Sarah: An solch einem besonderen Tag reicht mir auch ein Stück Schafskäse. Alles Gute.

Rahel: Danke.

*Die Hirten gehen zum Stall. Gabriel steigt aus.*

Gabriel: Ich danke dir herzlich, Sarah. Als Engel habe ich nichts, was ich dir geben könnte, außer Gottes Botschaften.

Sarah: Das macht nichts. Einen Engel habe ich noch nie mit an Bord gehabt. Und wohin willst du jetzt?

Gabriel: Natürlich auch zum Stall – oder genauer: zu dem neugeborenen Kind und den Eltern Maria und Josef. Immerhin wusste ich als Allererster von dieser Geburt, schon vor

|         | neun Monaten. Da möchte ich doch auch sehen, wie der Sohn Gottes nun aussieht. |
|---------|---|
| Sarah:   | Sind das etwa Maria und Josef aus unserem Dorf? |
| Gabriel: | Ja, natürlich. Hannah und du, ihr habt mich doch gesehen, als ich Maria die gute Nachricht gebracht habe. Jetzt möchte ich aber auch schnell dahin. |

*Sarah ruft in den Bus hinein.*

| Sarah:  | He, Familie Ephraim. Wollt ihr gar nicht aussteigen? |
|---------|---|
| David:  | Wir kommen doch schon. |
| Sarah:  | Wusstet ihr, dass dieses Kind da in dem Stall, der neugeborene König, das Kind von Maria und Josef aus Nazareth ist? Ich glaube, ich möchte mir auch erst einmal das Kind ansehen und dann im Hotel einchecken. Was meint ihr? |
| Hannah: | Das ist eine gute Idee. |

*Alle gehen Richtung Stall.*

| Maria:  | Josef, hast du gesehen? Da ist gerade ein Bus in Bethlehem angekommen. |
|---------|---|
| Josef:  | Ja, das ist ja der Bus von Sarah. Sie war doch in Babylon – mit Ephraim und seiner Familie. Aber da sind ja viel mehr Leute aus dem Bus ausgestiegen. Und sie sind alle vor unserem Stall! Soll ich sie wegschicken? |
| Maria:  | Nein, der ganze Weg von Nazareth hierher war zwar anstrengend und die Geburt hier im Stall war auch nicht so schön. Aber jetzt bin ich einfach nur froh, dass Jesus da ist. Und dann sollen sich alle mitfreuen. Hol sie herein! Und ich sehe gerade, der Engel Gabriel ist auch dabei. |

*Josef geht hinaus.*

| Josef:  | Herzlich willkommen hier in Bethlehem. Unser Sohn Jesus ist gerade geboren worden. Ihr dürft gerne hereinkommen und ihn ansehen. Lasst uns zusammen an diesem schönen Tag feiern. |
|---------|---|
| David:  | Das ist ein toller Abschluss unserer Urlaubsreise. Frohe Weihnachten! |
| Alle:   | Frohe Weihnachten! |

# Predigt

Liebe Gemeinde,
ein Bus fährt nach Bethlehem zur Geburt Jesu. Gut, höchstwahrscheinlich ist es nicht wirklich so passiert. Zumindest finden wir keine Hinweise in der Bibel, dass es damals Urlaubsreisen, Reiseunternehmen, geschweige denn Busse gab.

Aber das ist auch gar nicht so wichtig. Die Hauptsache ist, dass sich Menschen auf den Weg gemacht haben, um Jesus zu sehen.

Es ist ja schon immer toll, wenn Babys geboren werden. Vorher freuen sich schon alle auf die Geburt, die Eltern freuen sich, die Mutter besonders, wenn das Baby endlich da ist. Und Familie und Freunde freuen sich mit. Und wenn das Kind erst da ist, gibt es ganz schnell die ersten Besuche – vielleicht sogar noch auf der Geburtsstation. Einige Großeltern würden am liebsten schon gleich in den Kreißsaal eilen.

Es ist ein Wunder, wenn ein Baby geboren wird, ein neuer Mensch da, ein neues Leben zur Welt gekommen ist. Und darüber kann man sich nur freuen. Es gibt kaum etwas Schöneres, als dann auch dieses Leben anzuschauen.

Das war bei Jesus bestimmt auch so: Ein neuer Mensch war da. Maria und Josef waren froh, dass sie nach der anstrengenden Reise von Nazareth nach Bethlehem ein gesundes Baby bekommen haben. Doch Jesus ist nicht nur ein normaler Mensch, über dessen Geburt man sich freut, sondern er ist mehr: In ihm ist Gott selbst zur Welt gekommen.

Gott hat beschlossen, den Menschen ganz nahe zu sein, wirklich berührbar zu werden. Damals hatten die Menschen ganz große Hoffnungen: Wenn dieser Sohn Gottes da ist, wird die Liebe und der Frieden in die ganze Welt kommen. In diesem Baby kommt Gott zu uns und schenkt seine Liebe.

Deshalb haben sich die Sterndeuter aus dem Morgenland aufgemacht, die Hirten vom Feld und sogar Ephraim und Hannah und ihr achtjähriger Sohn David. Sie wollten als Erste sehen, was da in Bethlehem für ein Wunder geschehen ist.

Heute können wir tatsächlich mit dem Bus nach Bethlehem fahren, doch heute finden wir da kein neugeborenes Kind mehr in der Krippe. Es ist ja schon über zweitausend Jahre her. Aber seit diesem besonderen Abend wissen wir, dass Gott nicht nur weit weg ist und im Himmel auf uns runtersieht, sondern dass Gott ganz anders ist – dass er für die Menschen und das heißt für uns da sein will.

Er ist für jede und jeden von uns da, ganz egal, wie groß oder wie klein er ist – ganz egal, wo er wohnt, in Bethlehem oder in Norddeich\* – ganz egal, ob er arm ist oder reich – ganz egal, wie gut er sein Leben bisher geführt hat. Gott ist für uns alle Menschen da, er schenkt uns jeden Tag wieder seine Liebe und seinen Frieden. Das ist die besondere Botschaft Gottes an uns – seine weihnachtliche Botschaft, die die Hirten und die Engel, die Sterndeuter und natürlich Familie Ephraim als Erste sehen durften.

Gottes Liebe ist in die Welt gekommen! Gott selbst ist in diesem kleinen Baby zu uns Menschen gekommen. Und das feiern wir heute – das ist Weihnachten.

Amen.

---

\* Die Namen und Jahreszahl sind dem jeweiligen Ort und dem Jahr des Krippenspiels anzupassen.

# 9. BSGS – Bethlehem Sucht den GottesSohn

## Einführung

Bethlehems Kurdirektor Claudius ist unzufrieden: Die Übernachtungszahlen sind stark zurückgegangen. Er braucht dringend eine neue Attraktion für seine Stadt. Sein Freund Gnaeus berichtet ihm von der geplanten Volkszählung: Jede Familie soll dafür in die Heimatstadt der Vorfahren kommen. Das hellt Claudius' Stimmung ein bisschen auf. Vielleicht bringt die Volkszählung neue Gäste.

Kurz darauf besucht der Engel Gabriel Claudius und kündigt ihm an, dass Gott Mensch werden will und dass die Geburt in Bethlehem stattfinden wird. Claudius freut sich, denn die Geburt des Sohnes Gottes in Bethlehem wird der touristischen Entwicklung guttun.

Er trifft sich mit den vier Hotelchefs von Bethlehem, Simon, Matthias, Elia und Nathan. Als er von Gabriels Ankündigung berichtet, beginnt ein Wettkampf zwischen den Hotelchefs, in welchem Hotel der Sohn Gottes zur Welt kommt. Sie überlegen sich auch einen Werbeslogan: „Bethlehem sucht den GottesSohn – BSGS".

Gabriel informiert auch andere über die Geburt, damit sie nach Bethlehem kommen: natürlich zuerst Maria, die sich mit Josef von Nazareth aus auf den Weg macht; außerdem ein Hirtenehepaar, das aber erst einmal nur seine beiden Kinder schickt, und drei weise Männer aus dem Morgenland.

Mittlerweile steht die Geburt kurz bevor. Die Hotels sind geschmückt. Nur noch wenige Zimmer sind frei. Einige Gäste kommen noch in Bethlehem an:

Zuerst kommt ein junges Paar, Gnaeus und seine Frau Julia. Julia gibt vor, schwanger zu sein. So denkt Simon, dass sie wohl die Eltern des Gottessohnes sind. Daher nimmt er die beiden auf und ist sich sicher, den Wettlauf um den Gottessohn gewonnen zu haben.

Auch die beiden Hirtenkinder kommen in die Stadt. Sie bekommen ein Zimmer bei Nathan, der sie nicht auf der Straße schlafen lassen möchte.

Als ein Ehepaar mit Kinderwagen kommt, vermutet Matthias, dass der Sohn Gottes schon unterwegs geboren wurde, und nimmt das Paar in seinem Hotel auf.

Schließlich kommen auch die drei Weisen an. Sie gehen zu Elia und sagen gleich, dass sie wegen des Gottessohnes nach Bethlehem gekommen seien. Daher gibt Elia ihnen ein Zimmer, weil er hofft, dass dann auch Maria und Josef zu ihm kommen werden.

Endlich sind auch Maria und Josef da. Sie versuchen bei allen Hotelchefs ihr Glück, finden aber kein Zimmer mehr. Als Nathan hört, dass Maria und Josef Gabriel kennen, erkennt er, dass er das richtige Paar vor sich hat. Daher bietet er ihnen seinen Stall an. Dort wird Jesus geboren.

Die anderen Hotelchefs müssen einsehen, dass der Gottessohn nicht bei ihnen, sondern in Nathans Stall geboren wurde. Doch trotzdem freuen sie sich über Jesu Geburt und wünschen sich gegenseitig frohe Weihnachten.

## Materialliste und technische Hinweise

### Material
- Kostüme
- Stern
- Stall mit Krippe

- Puppe als Jesuskind
- Sitzbank (1. Szene)
- Zettel mit Übernachtungszahlen-Entwicklung (1. Szene) – *steht zum Ausdruck bereit*
- Handy (1. Szene)
- Sudoku-Zettel (2. Szene) – *steht zum Ausdruck bereit*
- Stift (2. Szene)
- Lagerfeuer für die Hirten (4. Szene)
- vier Wirtshäuser (6. Szene)
- „Frei"-Schild (6. Szene) – *steht zum Ausdruck bereit*
- Plakat: „Hier kommt der Sohn Gottes zur Welt" (6. Szene) – *steht zum Ausdruck bereit (nach Möglichkeit: Farbe DIN A3)*
- Kinderwagen (6. Szene)

**Hinweise**
*Aufführung des Krippenspiels in zwei Teilen*
Teil 1: 1. – 5. Szene
Teil 2: 6. – 8. Szene

*Viele verschiedene Spielorte*
Das Krippenspiel hat viele verschiedene Spielorte. Wenn es möglich ist, sollten drei Spielorte genutzt werden:

| | | |
|---|---|---|
| Bühne 1: | Szene 1: | Claudius, der Kurdirektor |
| | Szene 3: | Treffen der Hotelchefs |
| | Szene 5: | Gabriel bei den Weisen aus dem Morgenland |
| Bühne 2: | Szene 2: | Mariae Verkündigung |
| | Szene 4: | Gabriel zum ersten Mal bei den Hirten |
| | Szene 7: | Gabriel geht noch einmal zu den Hirten |
| Hotels + Stall: | Szene 6: | Bethlehem füllt sich |
| | Szene 8: | Am Stall |

# Das Stück

*Große Rollen:* Claudius Maximus, Kurdirektor in Bethlehem
Gabriel, Engel

*Mittlere Rollen:* Gnaeus Pompeius, römischer Soldat
Nathan, Hotelbesitzer in Bethlehem
Simon, Hotelbesitzer in Bethlehem
Matthias, Hotelbesitzer in Bethlehem
Elia, Hotelbesitzer in Bethlehem
Maria, junge Frau
Josef, ihr Mann

*Kleine Rollen:* Caspar, Weiser aus dem Morgenland
Balthasar, Weiser aus dem Morgenland
Melchior, Weiser aus dem Morgenland
Priscilla Bona, Sekretärin von Claudius Maximus
  (kommt nur über Lautsprecher vor)
Julia Pompeia, Frau des Gnaeus Pompeius
Rebecca, Hirtin
Benjamin, ihr Mann
Lea, Tochter von Rebecca und Benjamin
Jakob, Sohn von Rebecca und Benjamin
Levi, hebräischer Mann
Rahel, seine Frau

## 1. Szene: Claudius, der Kurdirektor

*Claudius Maximus sitzt auf einer Bank in Bethlehem. Er macht Mittagspause und schaut auf die Stadt. Er spricht mit sich selbst:*

Claudius: Oh, endlich Mittagspause! Wie schön ist es hier in Bethlehem! In dieser alten Königsstadt, in der schon der große König David gewohnt hat.
Aber in diesem Jahr war das Wetter richtig schlecht. So viele Gäste hatten wir nun wirklich nicht. Und dann die

Konkurrenz in Jerusalem! Dort haben sie in diesem Jahr tatsächlich wieder etwas Neues gebaut. Ein Spaßbad! *Oceanus Wavus* haben sie es genannt – immer diese neumodischen Namen!* Hätte es nicht ganz einfach „Ozeanwelle" heißen können? Aber ich muss zugeben: Erfolg haben sie ja. Die Menschen gehen da hin. Wir brauchen dringend neue Ideen für Bethlehem. Vielleicht einen Zirkus oder ein Theater – oder irgendeine Aktion: Unser Dorf soll schöner werden! Irgendetwas muss uns einfallen! *(denkt nach)* Priscilla hat mir vorhin die Übernachtungszahlen vom letzten Jahr ausgedruckt. Oh nein! Noch schlimmer als erwartet! Zehn Prozent Rückgang. Wie soll das alles nur weitergehen?

*Claudius sieht sich um. Ein Soldat kommt auf ihn zu.*

Claudius: Ach, Gnaeus Pompeius, mein alter Freund! Setz dich zu mir! Was hast du für Neuigkeiten?

Gnaeus: Hallo, Kurdirektor Claudius Maximus! Was machst du denn für ein Gesicht?

Claudius: Ich habe gerade die Übernachtungszahlen für das letzte Jahr für unser schönes Bethlehem bekommen. Die Wirtschaftskrise macht sich auch bei uns bemerkbar. Die Zahlen sind eingebrochen.

Gnaeus: Dann habe ich vielleicht gute Neuigkeiten für dich. Es kam gerade ein Eilbote zu mir. Kaiser Augustus plant eine Volkszählung. Jeder Mann soll mit seiner ganzen Familie in die Heimatstadt seiner Vorfahren kommen und sich dort zählen lassen.

Es kommen bestimmt ganz viele Familien nach Bethlehem. Das wird hier einen richtigen Boom geben.

Claudius: Da könntest du recht haben. Vielleicht wird das für Bethlehem ja doch noch ein gutes Jahr.

---

* Dieser Name ist angelehnt an ein Spaßbad im ursprünglichen Aufführungsort; passen Sie diesen Abschnitt gerne an lokale Gegebenheiten an.

Gnaeus: Jetzt muss ich aber leider weiter. Einen schönen Tag noch, Claudius!

Claudius: Dir auch! Danke für diese guten Nachrichten. Tschüs Gnaeus!

*Gnaeus geht. Claudius' Handy klingelt.*

Claudius: Priscilla, du weißt doch, dass du mich in der Mittagspause nicht stören sollst!!!

*Priscilla hört man nur als Handy-Gesprächspartnerin über die Lautsprecher.*

Priscilla: Ich weiß, Claudius. Es tut mir leid. Aber hier war gerade ein ganz komischer Mensch. Er sagte, er heiße Gabriel, sei von höherer Stelle und wolle dich sprechen.
Ich habe ihm gesagt, dass du Mittagspause machst und nicht gestört werden willst. Aber sich hinsetzen und warten wollte er nicht. Er hat nur gesagt, dass er dann schon wüsste, wo er dich finden würde – und ist gegangen. Ich dachte, dass du das vielleicht wissen solltest.

Claudius: Gut, danke für die Nachricht! *(legt das Handy weg)* Gabriel …? Gabriel …? Kenne ich gar nicht. Wer das wohl wieder sein mag!?

*Plötzlich steht ein Engel vor ihm.*

Gabriel: Ah, hier steckst du, Claudius! Fürchte dich nicht! Ich bin Gabriel, ein Engel. Gott selbst hat mich zu dir geschickt.

Claudius: Mensch – oder besser: Engel, hast du mich aber erschreckt! Setzt dich zu mir! Was kann ich für dich tun?

Gabriel: Ich habe gute Neuigkeiten für dich: Gott hat beschlossen, etwas gegen das Böse und für die Menschen zu tun. Er will selbst ein Mensch werden und so die Menschen retten.

Claudius: Na schön! Aber was hat das mit mir zu tun?

Gabriel: Pass auf: Dieser Sohn Gottes soll ein Nachkomme König Davids sein. Deswegen wird er in Bethlehem, in der Davidsstadt, zur Welt kommen. Ich dachte mir, das könnte dich als Kurdirektor interessieren.

| | |
|---|---|
| Claudius: | Das interessiert mich auf jeden Fall. Das wird der touristischen Entwicklung von Bethlehem sicherlich guttun. |
| Gabriel: | Das freut mich. Ich muss jetzt aber weiter und der Mutter Bescheid geben. Übrigens, neun Monate habt ihr hier in Bethlehem noch Zeit, um alles vorzubereiten. Alles Gute! |
| Claudius: | Danke, Gabriel! |

*Gabriel geht ab. – Claudius tippt eine Nummer auf seinem Handy. Priscilla meldet sich – wieder nur über die Mikrofonanlage.*

| | |
|---|---|
| Priscilla: | Willkommen in dem schönen Kurort Bethlehem! Sie sprechen mit Priscilla Bona. Ach, du bist es, Claudius. |
| Claudius: | Ja, ich bin es. Hör zu! Es tut sich was in Bethlehem. Ruf doch mal die Hotelbesitzer zusammen. Punkt 15 Uhr bei mir im Büro. |
| Priscilla: | Okay, Chef! Mach ich. |

*Claudius legt auf und geht ab.*

## 2. Szene: Mariae Verkündigung

*Maria sitzt zu Hause und löst Sudokus. Sie spricht zu sich selbst.*

| | |
|---|---|
| Maria: | 1–3–4–5–7–8–9. Nur die 2 und die 6 fehlen in dieser Reihe. Die 2 kann da nicht hin. Dann muss also die 6 da und die 2 da hin. Gleich bin ich fertig. – Herrlich entspannend, diese Sudokus! |

*Plötzlich steht Gabriel im Zimmer.*

| | |
|---|---|
| Maria *(lässt dabei Stift und Sudoku-Block fallen)*: | Huch! Wer bist du denn? |
| Gabriel: | Hab keine Angst, Maria! Ich bin Gabriel, ein Engel Gottes. Ich habe eine tolle Nachricht für dich. Du wirst schwanger werden und ein Kind bekommen. Es wird der Sohn Gottes und ein Retter der Menschen sein. |
| Maria: | Was? Das ist ja eine Überraschung! Doch was wird Josef nur dazu sagen? Er meinte, dass das mit den Kindern noch Zeit hätte. |
| Gabriel: | Na ja, Zeit habt ihr noch – neun Monate genau. Aber es gibt ein Problem: Kaiser Augustus hat beschlossen, alle |

|  | Menschen in seinem Reich zählen zu lassen. Ihr müsst dazu nach Bethlehem gehen, weil ja Josef aus Bethlehem stammt. Aber keine Sorge: Ich habe schon mit dem Kurdirektor von Bethlehem gesprochen. Er wird bestimmt das beste Hotelzimmer für euch buchen. |
|---|---|
| Maria: | Danke, Gabriel! Ich freue mich. |

*Beide ab.*

## 3. Szene: Treffen der Hotelchefs
*Claudius und die vier Hotelchefs stehen beieinander.*

| | |
|---|---|
| Claudius: | Toll, dass ihr so schnell kommen konntet! Ich habe euch vier zusammengerufen, weil ihr die wichtigsten Hotelbesitzer vor Ort seid. |
| Simon: | Was heißt denn „die wichtigsten"? Mehr als uns gibt es doch gar nicht. |
| Claudius: | Das tut jetzt nichts zur Sache. Ich habe Neuigkeiten für euch. Aus sicherer Quelle habe ich erfahren, dass in ungefähr neun Monaten ein wichtiges Kind, der Sohn Gottes, hier in Bethlehem geboren wird. Ich möchte, dass ihr eure Hotels ein wenig herrichtet. Und: Wir brauchen noch ein Motto für dieses Ereignis. |
| Matthias: | Wie wäre es mit „Gottessohn willkommen"? |
| Elia: | Zu langweilig! Besser ist: „GottesSohn-Superstar"! |
| Nathan: | Ein bisschen sehr bombastisch! Ich finde „Bethlehem sucht den GottesSohn" gut. |
| Claudius: | „Bethlehem sucht den GottesSohn" – BSGS. Das hört sich gut an. Das hat Pep! So machen wir es. Ihr müsst nur eure Hotels noch ein bisschen auf Vordermann bringen. |
| Simon: | Okay, machen wir. Ich wette, der Gottessohn kommt bei mir im Hotel zur Welt. |
| Matthias: | Warum denn bei dir? Ich habe das viel kinderfreundlichere Hotel. |

| | |
|---|---|
| Elia: | Alles Quatsch! Bei mir ist es am komfortabelsten. Ich habe sogar einen Swimmingpool und eine Sauna. Die werden bestimmt zu mir kommen. |
| Nathan: | Ich würde mich schon freuen, wenn der Sohn Gottes bei mir geboren wird. Aber wenn andere Gäste früher kommen, kann ich sie wohl nicht mehr wegschicken. |
| Claudius: | Auf dass der Bessere gewinnt! |

*Alle ab.*

## 4. Szene: Gabriel zum ersten Mal bei den Hirten
*Ein Hirtenehepaar sitzt am Lagerfeuer.*

| | |
|---|---|
| Benjamin: | Was für ein schöner Abend! Und die Kinder schlafen auch schon. |
| Rebecca: | Ja, so ein klarer Himmel! Was gibt es Schöneres als den Hirtenberuf. |

*Gabriel kommt langsam näher.*

| | |
|---|---|
| Rebecca: | Sieh mal! Da kommt jemand. |
| Benjamin: | Den kenne ich gar nicht. |
| Gabriel: | Guten Abend! Ich heiße Gabriel. Ich bin ein Engel. |
| Rebecca: | Setzt dich doch zu uns! Was können wir für dich tun? |
| Gabriel: | Oh, ihr braucht gar nichts für mich zu tun. Ich habe nur eine kleine Information für euch: In ungefähr zwei Monaten wird in Bethlehem der Sohn Gottes geboren werden. Es wäre bestimmt toll, wenn ihr auch dabei seid. Aber Achtung: Es wird bestimmt sehr voll in Bethlehem sein. Ihr solltet besser ein paar Tage vorher dort hingehen. |
| Benjamin: | Das geht aber gar nicht! Wir müssen doch auf unsere Schafe aufpassen. |
| Rebecca: | Aber wir könnten ja unsere beiden Kinder, Lea und Jakob, schon vorher hinschicken. Dann sind sie auf jeden Fall dabei. Die beiden waren in letzter Zeit so lieb und fleißig, die haben es verdient. |
| Benjamin: | Gute Idee! Die werden sich freuen. Danke Gabriel! |

*Alle ab.*

## 5. Szene: Gabriel bei den Weisen im Morgenland

Caspar: Liebe Kollegen, liebe Mitforscher. Zu unserer heutigen Sitzung habe ich einen Besucher mitgebracht: Gabriel. Vielleicht stellst du dich selbst einmal vor.

Gabriel: Ja, danke, Caspar! Ich freue mich, dass ich heute zu euch drei Weisen hier aus dem Morgenland sprechen darf. Ich bin Gabriel, der Engel Gottes.

Balthasar: Herzlich willkommen! Ich beobachte jetzt schon eine ganze Weile die Sterne. Irgendetwas ist da los. Ich weiß aber noch nicht was!

Gabriel: Stimmt! In einem Monat wird in Bethlehem in Judäa der Sohn Gottes geboren und Gott meint, es wäre gut, wenn ein paar kluge Männer wie ihr auch dazukommen könnten.

Melchior: Oh ja, eine Auslandsreise! Wir sollten uns gleich auf den Weg machen. Am besten packen wir auch ein paar Geschenke für das Kind ein. Wie wäre es mit Gold, Weihrauch und Myrrhe?

## 6. Szene: Bethlehem füllt sich

*Die vier Hotelchefs stehen vor ihren Hotels.*

Simon: So ausgebucht war ich noch nie! Nur ein Zimmer ist für den Gottessohn und seine Familie übrig. Wie steht's denn bei euch?

Elia: Ich habe auch nur noch ein oder vielleicht zwei freie Zimmer. Der Sohn Gottes wird natürlich bei mir geboren werden.

Matthias: Mach dir da mal keine zu großen Hoffnungen! Ich habe das familienfreundliche Hotel und natürlich wird die junge Familie in mein letztes Zimmer einziehen.

Nathan: Auch ich habe nur ein Zimmer übrig. Mal sehen, wer da noch kommen wird. Seht mal! Da kommt ein junges Paar.

*Ein Römer und seine Frau kommen ins Dorf. Simon rennt zu ihnen hin.*

Simon: Willkommen im schönen Bethlehem!

| | |
|---|---|
| Gnaeus: | Danke sehr! Ich bin Gnaeus Pompeius und das ist meine Frau Julia. Der römische Statthalter schickt mich, um zu überprüfen, ob mit der Volkszählung alles klar läuft. Hast du noch ein Zimmer für uns? |
| Simon: | Vielleicht habe ich noch ein Zimmer frei. Ist deine Frau denn schwanger? |
| Gnaeus: | Was ist das denn für eine Frage?! Was hat das damit zu tun, ob du ein Zimmer frei hast?! Ich glaube, Julia ist nicht schwanger. |
| Simon: | Dann kann ich dich leider nicht hereinlassen. Ich warte auf ein schwangeres Paar. Da lasse ich auch nicht mit mir diskutieren. |
| Gnaeus: | Unverschämtheit! Wenn du was frei hast, musst du uns reinlassen! |
| Simon: | Nein, muss ich nicht! Geht jetzt!!! |
| Julia: | Moment, aber Gnaeus, ich bin doch schwanger! Das weißt du doch! *(zwinkert ihm heimlich zu)* |
| Gnaeus: | Ah, stimmt ja! Das hatte ich ganz vergessen. Wir bekommen ja ein Kind. Dann kannst du uns jetzt wohl reinlassen. |
| Simon: | Ach so, ich verstehe! Es soll niemand wissen, dass ihr die Eltern des erwarteten Gottessohnes seid. Dann kommt rein! |

Gnaeus *(zu Julia)*: Irgendetwas stimmt hier nicht. Aber Hauptsache, wir haben ein Zimmer.

*Gnaeus und Julia gehen in das Hotel. Simon ruft zu den anderen Hotelbesitzern rüber.*

| | |
|---|---|
| Simon: | „Bethlehem sucht den GottesSohn" ist vorbei. Ich hab ihn, bei mir wird er zur Welt kommen! |

*Simon überklebt das „Frei"-Schild am Hotel. Hängt ein Plakat auf: „Hier kommt der Sohn Gottes zur Welt."*

Matthias *(zu Elia)*: Schade, alles umsonst!

| | |
|---|---|
| Elia: | Ach Quatsch, keine Sorge! Das hat sich die Frau doch nur ausgedacht, damit sie das Zimmer bekommen. Die ist gar nicht schwanger. Sieh mal! Dahinten kommen zwei Kinder. |

*Die Hirtenkinder Lea und Jakob kommen in die Stadt.*
Lea: Hallo, wir suchen ein Zimmer.
Elia: Tut mir leid! Alles voll. Probiert es doch mal bei Matthias!
Matthias: Bei mir ist auch alles voll.
Jakob: Aber es steht doch „frei" bei euch dran.
Matthias: Wir haben aber trotzdem nichts frei. Geht doch mal zu Nathan!
*Die Kinder gehen zu Nathan.*
Lea: Bist du Nathan? Wir suchen ein Hotelzimmer. Die anderen Hotels sind schon alle voll.
Nathan: Seltsam, Elia und Matthias haben doch noch mindestens ein freies Zimmer. Ich habe auch nur noch ein Zimmer. Das ist eigentlich für ein junges Paar reserviert. *(denkt nach)* Aber wisst ihr was? Ich kann euch ja nicht auf der Straße schlafen lassen. Kommt erst einmal herein. Sollte dieses Paar noch kommen, wird mir schon etwas einfallen.
Jakob: Vielen Dank! Das ist sehr lieb von dir.
*Jakob, Lea und Nathan gehen in das Hotel.*
Matthias *(zu Elia):* Jetzt ist Nathan auch aus dem Rennen. Er ist doch einfach zu gut für diese Welt! Jetzt sind nur noch wir beide übrig.
Elia: Sieh mal! Da kommt ein Paar mit einem Kinderwagen.
*Matthias geht zu dem Paar.*
Matthias: Guten Tag, kann ich euch helfen?
Levi: Ja, das ist nett. Wir kommen wegen der Volkszählung nach Bethlehem und suchen ein Zimmer.
Matthias: Und ihr kommt mit Kind?
Rahel: Ja, eigentlich sollte das Kind erst hier geboren werden. Aber Jonas hatte es wohl eilig. Er wurde vor zwei Tagen auf dem Weg hierher geboren.
Matthias: Dann ist das also der kleine Gottessohn?
Rahel: Wieso Gottessohn? Ich finde, er ist ein kleines Gottesgeschenk!

Matthias: Gottesgeschenk – Gottessohn ... Es wird schon der Richtige sein. Kommt nur herein! *(ruft zu Elia rüber)* Ich hab ihn!!!

*Matthias, Rahel und Levi gehen ins Hotel.*

Elia *(zu sich selbst):* Das ist bestimmt nicht der Gottessohn. Gabriel sagte, dass der Sohn Gottes in Bethlehem geboren wird – nicht auf dem Weg hierher. Jetzt bin ich alleine übrig. Dann werde ich wohl den Wettbewerb „Bethlehem sucht den GottesSohn" gewinnen. – Oh, wer kommt da denn?

*Caspar, Balthasar und Melchior gehen zu Elia.*

Caspar: Guten Tag, guter Mann. Wir suchen ein Zimmer.

Balthasar: Wir sind nämlich wegen des Sohnes Gottes hier, der bald geboren werden soll.

Elia: Ihr wisst von dem Gottessohn? Hervorragend. Aber von euch wird ihn wohl keiner auf die Welt bringen?! Haha.

Melchior: Nein, aber wir wollen die ersten sein, die ihm gratulieren. Wir sind weise Männer aus dem Morgenland.

Elia: Dann kommt doch erst einmal rein. Ich habe noch ein ganz großes Appartement frei. Wenn ihr bei mir wohnt, wird die kleine Familie bestimmt auch zu mir kommen.

*Josef und Maria kommen nach Bethlehem.*

Josef: Na, Maria! Jetzt haben wir es bald geschafft. Hier ist schon Bethlehem.

Maria: Ich kann auch nicht mehr. Hoffentlich hat Gabriel recht und es ist ein Zimmer für uns frei geblieben.

Josef: Es sieht alles sehr voll aus. Doch überall steht „Bethlehem sucht den GottesSohn". Vielleicht haben wir ja doch noch Glück.

*Josef klopft bei Simon an.*

Josef: Guten Tag! Meine Frau ist schwanger und wir suchen dringend ein Zimmer.

Simon: Ich habe schon das ganze Haus voll. Und eine Schwangere wohnt hier auch schon. Und wenn ich euch so ansehe –

so ärmlich ... Ihr werdet bestimmt nicht den Gottessohn bekommen. Ich habe schon die richtige Familie. Geht weiter!

*Simon geht wieder ins Hotel.*

Maria: Oh Josef, ich kann nicht mehr! Ich muss mich erst einmal setzen. Dahinten ist ein Baum. Dort setze ich mich. Such du doch bitte inzwischen weiter!

*Maria setzt sich. Josef geht zu Elias Hotel und klopft an.*

Josef: Hast du noch ein Zimmer frei?

Elia: Nein, tut mir leid. Ich nehme nur noch ein Ehepaar, keine Einzelpersonen mehr auf.

Josef: Aber ich bin ja gar nicht allein, meine Frau ...

Elia: Ich habe jetzt wirklich keine Zeit für deine ganze Familiengeschichte. Ich habe nichts mehr frei. Probier es woanders!

*Josef geht zu Maria.*

Josef: Wieder kein Glück! Zwei Hotels sind noch da. Das eine ist sogar familienfreundlich. Gehen wir doch mal dahin.

*Maria und Josef gehen zu Matthias und klopfen an. Matthias kommt raus.*

Maria: Guten Tag, wir suchen ein Zimmer. Ich bin schwanger und soll bald den Sohn Gottes zur Welt bringen.

Matthias: Sohn Gottes – wer seid ihr? Betrüger? Der Sohn Gottes ist doch schon vor zwei Tagen geboren worden. Er heißt Jonas und schläft oben ganz friedlich. Lasst mich in Ruhe!

*Matthias geht wieder zurück ins Hotel.*

Josef: So was! Ich dachte, der Engel hätte gesagt, dass du Gottes Sohn zur Welt bringen wirst. Wieso sagt der Wirt, bei ihm wäre schon ein Sohn Gottes? Na, was soll's! Dort hinten ist ja noch ein Hotel! Aber da scheint auch nichts mehr frei zu sein.

*Maria und Josef gehen zu Nathan und klopfen an.*

Josef: Guten Tag! Du bist unsere letzte Hoffnung. Wir suchen ein Zimmer. Meine Frau ist schwanger. Sie erwartet unseren ersten Sohn und wir wissen nicht, wo wir hin sollen.

Nathan: Das tut mir aber leid! Ich habe schon vor längerer Zeit mein letztes Zimmer an zwei Hirtenkinder gegeben. Ich habe nichts mehr frei.
Maria: Aber was sollen wir denn jetzt machen? Gabriel hat doch gesagt, es sei in Bethlehem alles mit dem Kurdirektor abgesprochen.
Nathan: Ihr kennt diesen Gabriel, den Engel, von dem Claudius Maximus gesprochen hat?! Dann seid ihr ja wirklich die Eltern von Gottes Sohn. Aber ich habe trotzdem nichts frei.
Josef: Wirklich gar nichts?
Nathan: Nein! – Oder doch: Ich habe noch einen Stall mit einem Esel und einem Ochsen. Dort könnt ihr hin, wenn ihr wollt.
Maria: Danke! Das reicht uns auf jeden Fall.

*Maria und Josef gehen in den Stall. Jesus wird geboren. Der Stern geht über dem Stall auf.*

## 7. Szene: Gabriel geht noch einmal zu den Hirten
*Rebecca und Benjamin sitzen am Feuer.*
Rebecca: Komisch ist das! Jetzt sind die Kinder schon ein paar Tage in Bethlehem und wir haben noch nichts von ihnen gehört.
Benjamin: Ach, mach dir mal keine Sorgen! Es geht ihnen bestimmt gut. Und irgendetwas tut sich in Bethlehem. Da ist solch ein heller Stern über dem Dorf aufgegangen.
*Plötzlich steht Gabriel vor ihnen.*
Rebecca: Mensch, heute hast du uns aber erschreckt!
Gabriel: Fürchtet euch nicht, sondern freut euch! Denn der Sohn Gottes ist heute geboren worden – der Retter der Menschheit! Dort in Bethlehem, wo ihr den hellen Stern seht. Dort werdet ihr den Gottessohn finden. Eure Kinder sind auch dort.

Benjamin: Danke, Gabriel, für diese gute Nachricht! Ich glaube, dann können auch wir nicht hier am Feuer bleiben. Wir machen uns gleich auf den Weg, um dieses Wunder zu sehen.

**8. Szene: Am Stall**
*Melchior kommt gerade aus dem Hotel heraus.*
Melchior: Caspar und Balthasar, kommt mal schnell her! Dort hinten über dem Stall ist ein Stern aufgegangen. Der Sohn Gottes muss zur Welt gekommen sein.
Balthasar: Ich hole nur noch schnell die Geschenke: Gold, Weihrauch und Myrrhe. Dann können wir losgehen.
*Balthasar holt die Geschenke, kommt zurück. Die drei Weisen wollen losgehen. Elia rennt hinter ihnen her.*
Elia: Stopp! Wo wollt ihr denn hin?
Caspar: Der Gottessohn ist soeben dort hinten bei Nathan im Stall geboren worden.
Elia: Wieso denn dort? Ich dachte, die Familie würde zu euch kommen.
Caspar: Aber das haben wir nie gesagt. Das hast du wohl falsch verstanden! Jetzt müssen wir aber los.
*Caspar, Balthasar und Melchior gehen zum Stall. Gabriel und die Hirten samt Kindern stehen dort auch um die Krippe herum. Elia, Matthias und Simon stehen zusammen vor einem der Hotels.*
Matthias: Nun ist der Gottessohn doch bei Nathan geboren worden.
Simon: Das hätte ich nicht gedacht. Ich war mir mit meinem Römerpaar so sicher.
Elia: Ja, schade eigentlich! Aber wisst ihr was?! Jetzt möchte ich eigentlich auch nachsehen, auf wen wir so lange gewartet haben. Lasst uns zum Stall gehen!
*Die drei gehen zum Stall und sehen sich das Baby an. Dort treffen sie auch Nathan.*
Simon: Herzlichen Glückwunsch! „Bethlehem sucht den Gottes-Sohn." – Du hast ihn gefunden!
Nathan: Ja, das stimmt. Aber dieser Gottessohn heißt Jesus und

er ist nicht nur für mich gekommen, sondern für uns alle. Wir alle haben ihn gefunden. Bethlehem und die ganze Welt haben gewonnen und Jesus gefunden. Also auch euch dreien: Herzlichen Glückwunsch und frohe Weihnachten!
Simon, Matthias und Elia: Ja. Frohe Weihnachten!
Alle: Frohe Weihnachten!

## Predigt

Liebe Gemeinde,

was damals wirklich in Bethlehem passiert ist, das wissen wir nicht. In der Bibel steht nur, dass in keiner Herberge mehr Platz war und Maria und Josef daher in einen Stall gehen mussten. Ob die Hotelbesitzer sich fast darum geschlagen haben, dass der Messias bei ihnen geboren wird? Wohl eher nicht.

Fest steht auf jeden Fall, dass die Menschen damals sehnsüchtig darauf gewartet haben, dass Gott jemanden schickt, der ihnen beisteht – einen Retter, einen Messias. Und hätten sie gewusst, dass dieser Retter tatsächlich zu dieser Zeit in Bethlehem geboren wird, hätten sie sich vielleicht wirklich alle sehr angestrengt, damit der Sohn Gottes bei ihnen auf die Welt kommt. Der Erste zu sein, der den menschgewordenen Gott sieht, wäre natürlich toll.

Aber zu wem wären Maria und Josef denn tatsächlich gekommen? Zu dem kinderfreundlichsten oder dem komfortabelsten oder dem schnellsten Hotel? In unserem Krippenspiel ist Jesus bei dem Hotelbesitzer zur Welt gekommen, der sich das zwar auch gewünscht hat, der aber erst einmal anderen, nämlich den kleinen Hirtenkindern, geholfen hat. Er hat geholfen, als Not da war, und hat dabei auf die Möglichkeit verzichtet, dass Maria und Josef zu ihm kommen. Und dann hat es doch geklappt!

Jesus ist vor zweitausend Jahren geboren worden. Als kleines Baby wird er nie wieder zu uns kommen. Trotzdem feiern wir Weihnachten, weil wir davon ausgehen, dass Jesus danach nicht einfach in den Himmel aufgefahren und verschwunden ist, sondern dass Gott weiterhin für uns da ist, dass er zu uns kommt und uns durchs Leben begleitet. Und was müssen wir tun, damit Gott zu uns kommt?

Müssen wir uns besonders anstrengen? Kommt er eher zu den Reichen oder zu den besonders Guten, zu den Luxuriösen oder den Kinderfreundlichen? Die Antwort ist ganz einfach und recht kurz: Wir müssen gar nichts tun! Wir können auch gar nichts tun! Denn Gott kommt zu uns, weil er uns liebt, nicht weil wir irgendwie besonders toll oder gut sind, weil wir uns ganz viel Mühe geben, oder wir ganz viel Geld haben.

Gott kommt zu jeder und jedem von uns, ganz egal wie groß oder klein wir sind, ganz egal, wie gut wir uns in unserem Leben schon aufgeführt haben oder was wir falsch gemacht haben. Gott kommt zu uns – zu uns allen. Leider können wir ihn nicht sehen – wir hören und spüren ihn meistens wohl auch nicht. Aber trotzdem ist er da. Wir können jederzeit mit ihm sprechen, das heißt zu ihm beten. Er hört uns. Er begleitet uns, wenn es uns gut geht – aber eben auch an den Tagen, die nicht gut für uns laufen.

Mit der Geburt Jesu damals in Bethlehem im Stall hat Gott eines ganz klargemacht: Er ist für jeden Menschen da. Deshalb feiern wir jedes Jahr wieder Weihnachten, weil Gott Mensch geworden ist, weil er uns Menschen so sehr liebt.

Amen.

# 10. Das Wettrennen

## Einführung

Die Kinder Onno, Sven, Fentje und Philipp spielen das Brettspiel „Das Wettrennen". Sie haben verschiedene Spielfiguren: Engel, Maria und Josef, Hirten und drei Weise. Ziel des Spiels ist es, die eigene Figur als Erste nach Bethlehem zu bringen.

Jede Spielfigur hat eine Sonderausstattung: Flügel für die Engel; ein Esel für Maria und Josef, damit sie etwas schneller vorwärtskommen; Schafe für die Hirten, die dadurch langsamer werden, und Kamele für die drei Weisen, mit denen sie sehr schnell sind.

Wenn die Kinder würfeln und ihre Spielfiguren bewegen, bewegen sich gleichzeitig auch die Krippenspieldarsteller.

**Das Spiel beginnt – 1. Spielrunde:**
Onno, der mit der Engelsfigur spielt, beginnt und zieht auf ein Ereignisfeld: Gabriel soll sich nach Nazareth bewegen. Dort trifft er auf Maria, der er verkündet, dass sie Gottes Sohn zur Welt bringen wird.
Als Zweiter würfelt Philipp, der die Figur der Weisen hat. Auch er landet auf einem Ereignisfeld: Die Figur muss zurück zum Startpunkt. Melchior und Balthasar waren schon zu einer Reise aufgebrochen, als sie feststellen, dass sie Caspar vergessen haben. So müssen sie wieder umkehren. Weil Caspar in den Sternen besondere Ereignisse voraus-

gesehen hat, beschließen sie, nach Jerusalem zu König Herodes zu reisen.

Philipp ist als Dritter dran: Seine Figuren Maria und Josef ziehen Richtung Bethlehem.

Schließlich würfelt Fentje. Aber ihre Hirten sind müde und wollen noch ein bisschen am Lagerfeuer liegen bleiben.

**2. Spielrunde:**

Da Onno eine 6 würfelt, darf Engel Gabriel ein ganzes Stück weiter ziehen.

Auch Philipps Weise kommen dem Ziel ein ganzes Stück näher.

Sven hat weniger Glück. Er kommt auf ein Ereignisfeld: Seine Figur muss aussetzen.

Auch Fentje würfelt: Endlich machen sich auch die Hirten auf den Weg.

**3. Spielrunde:**

Onno kommt schon wieder auf ein Ereignisfeld: Engel Gabriel muss nach Jerusalem, um dort die Weisen zu treffen.

Durch Philipps Würfelwurf kommen die Weisen nach Jerusalem und treffen Herodes. Dieser hat noch gar nichts von einem neuen König gehört. Als sie Herodes verlassen, kommt Gabriel zu ihnen und schickt sie weiter nach Bethlehem.

Sven muss aussetzen: Maria und Josef machen auf ihrem Weg eine Rast.

Fentjes Hirten nähern sich weiter in langsamen Schritten Bethlehem.

**4. Spielrunde:**

Noch einmal kommt Onno auf ein Ereignisfeld: Gabriel soll zu den Hirten gehen.

Philipps Weise gehen nur ein kleines Stück weiter Richtung Bethlehem.

Sven kommt auch auf ein Ereignisfeld: Er darf ein Feld vorziehen,

sodass Maria und Josef als Erste in Bethlehem ankommen. Aber sie finden kein Zimmer. Daher wird Jesus in einem Stall geboren.
Auch Fentjes Hirten kommen nun in Bethlehem an.

**5. Spielrunde:**
Nur Onno und Philipp sind noch nicht am Ziel. Versehentlich würfelt zuerst Philipp: Auch seine drei Weisen kommen jetzt am Stall an und bringen ihre Geschenke zu Jesus.
Schließlich macht Onno den letzten Spieltag, sodass auch Gabriel endlich in Bethlehem ist.
Die Kinder beenden begeistert das Spiel und wünschen sich frohe Weihnachten.

## Materialliste und technische Hinweise

### Material
- Kostüme
- Stern
- Stall mit Krippe
- Puppe als Jesuskind
- Spielfeld „Das Wettrennen" (1. Szene) – *steht zum Ausdrucken bereit; sinnvoll, auf DIN A2 zu vergrößern*
- vier Spielfiguren, zwei Würfel (1. Szene)
- Spielanleitung (1. Szene) – *steht zum Ausdrucken bereit (Vorder- und Rückseite quer)*
- vier Karten „Sonderausstattung", vier Karten „Startort", sechs „Ereigniskarten" (1. Szene) – *stehen zum Ausdruck bereit (Vorder- und Rückseite)*
- ggf. Spielfeldpunkte für den Kirchraum (1. Szene) – *stehen zum Ausdrucken bereit*
- Kennzeichen für jeden Spieler entsprechend seiner Spielfigur (bspw. Könige = Krone usw.) (1. Szene)
- größerer Briefumschlag mit Flügeln (1. Szene)

- Kalender (2. Szene)
- Gold, Weihrauch, Myrrhe (2. Szene)
- Flasche mit Wasser (3. Szene)
- Briefumschlag mit Auftrag an Gabriel (4. Szene) – *steht zum Ausdruck bereit*
- Wirtshaus (5. Szene)
- Gold, Weihrauch, Myrrhe (5. Szene)

**Hinweise**
*Aufführung des Krippenspiels in vier Teilen*
Teil 1: 1. Szene
Teil 2: 2. Szene
Teil 3: 3. – 4. Szene
Teil 4: 5. Szene

*Verschiedene Spielzeiten und -ebenen: Jetzt-Zeit und Zeit um Jesu Geburt*
Das Krippenspiel spielt zum einen in der Jetzt-Zeit: Vier Kinder spielen das Spiel „Das Wettrennen". Die vier Kinder sind die ganze Zeit am gleichen Ort. Es ist sinnvoll, diesen Spielort ggf. auf einem Podest etwas abseits des weiteren Spielgeschehens zu positionieren. Das Hauptgeschehen spielt zur Zeit von Jesu Geburt. Hier sind verschiedene Gruppen unterwegs: Maria und Josef von Nazareth nach Bethlehem, die Hirten von Hebron nach Bethlehem, die Weisen aus dem Morgenland über Jerusalem nach Bethlehem und schließlich Engel Gabriel, der sich zunächst von Bethel nach Nazareth, dann nach Jerusalem, zu den Hirten und zuletzt nach Bethlehem bewegt.

Es ist möglich, den Weg der verschiedenen Gruppen mithilfe von Spielfeldern (s. CD-ROM) nachzuvollziehen. Dies kann für die einzelnen Schauspieler hilfreich sein.

## Das Stück

*Große Rollen:*    Onno, Mitspieler in der Jetzt-Zeit
                 Sven, Mitspieler in der Jetzt-Zeit
                 Gabriel, Engel

*Mittlere Rollen:*   Fentje, Mitspielerin in der Jetzt-Zeit
                 Philipp, Mitspieler in der Jetzt-Zeit
                 Josef, Zimmermann aus Nazareth
                 Maria, Josefs Frau
                 Caspar, Weiser aus dem Morgenland
                 Balthasar, Weiser aus dem Morgenland
                 Johannes, Hirte
                 Hannah, Hirtin

*Kleine Rollen:*    Melchior, Weiser aus dem Morgenland
                 Herodes, König
                 Ruben, Hirte
                 Rahel, Wirtin

### 1. Szene: Spielvorbereitung

*Philipp, Onno und Sven sitzen am Tisch, vor ihnen liegt ein Spiel „Das Wettrennen".*

Onno:    Endlich haben wir mal wieder Zeit für einen Spieleabend. Was wollen wir denn heute spielen?
Philipp:    Keine Ahnung! Monopoly oder Risiko vielleicht?
Onno:    Nee, nicht schon wieder diese Spiele, bei denen es um Geld oder Krieg geht!
Sven:    Ich habe zu Weihnachten ein Spiel bekommen. „Das Wettrennen" heißt es. Kennt ihr das?
Onno:    Ich nicht.
Philipp:    Ich auch nicht. Aber wir können es ja mal versuchen.
Sven:    Ich mach's auf.

*Sven macht das Spiel auf. Er nimmt das Spielfeld heraus und liest aus der Anleitung:*

Sven: Also, ich lese mal vor, was hier steht: „Das Ziel des Spieles ist es, mit seiner Spielfigur als Erster in Bethlehem anzukommen. Das Spiel wird so lange gespielt, bis alle Figuren am Ziel angekommen sind. Es werden insgesamt vier Spieler benötigt."

Philipp: Da können wir ja gleich wieder einpacken. Wir sind ja nur drei.

*Es klingelt. Onno macht die Tür auf.*

Onno: Hallo Fentje! Das ist ja toll, dass du kommst! Wir wollen gerade unseren Spieleabend anfangen, aber uns fehlt ein vierter Mitspieler.

Fentje: Oh ja, toll! Ich habe mich zu Hause so gelangweilt.

Onno: Dann komm rein.

*Fentje und Onno setzen sich wieder hin.*

Sven: Also, noch mal: Ziel ist es, als Erster in Bethlehem anzukommen. Wir haben vier Spieler. Einer spielt den Engel, einer Maria und Josef, einer die Hirten und einer die drei Könige.

Philipp: Ich spiele natürlich die Könige. Die haben ein großes Gefolge und sind bestimmt am schnellsten.

*Jeder Spieler setzt sich ein Kennzeichnen seiner Spielfigur auf den Kopf, damit schon von Weitem zu erkennen ist, wer zu welcher Spielfigur gehört (z.B. Könige = Krone usw.).*

Onno: Von mir aus! Ich möchte gerne den Engel spielen.

Sven: Und ich die Hirten.

Fentje: Die würde ich auch gerne spielen.

Onno: Dann lasst uns doch losen. Wenn ich eine 1, 2 oder 3 würfele, spielt Sven die Hirten; bei 4, 5 oder 6 hat Fentje die Hirten.

*Onno würfelt.*

Onno: Eine 4. Fentje hat die Hirten und Sven Maria und Josef.

Sven: Na, okay! Als Nächstes müssen wir einen Startort auslosen: Dazu zieht jeder eine Karte.

Sven: Philipp, du ziehst als Erster!

Philipp: „Morgenland" steht hier auf der Karte. Wo ist das denn?

Fentje: Du kennst dich in der Welt wohl gar nicht aus?! Das Morgenland ist dahinten, bei Euphrat und Tigris, den beiden Flüssen.

*Caspar, Balthasar und Melchior stellen sich im Altarraum ganz rechts auf.*

Philipp: So weit hinten?! Da habe ich jetzt ja schon verloren!

Sven: Fentje, jetzt ziehst du!

Fentje: Ich starte in „Hebron". Oh, das ist ja schon ganz nahe dran an Bethlehem!

*Hannah, Johannes und Ruben stellen sich im Mittelgang auf.*

Onno: Freu dich nicht zu früh! Da sind haufenweise Ereignisfelder auf dem Weg. Das kann ganz schön lange dauern! Jetzt möchte ich meine Karte ziehen: „Bethel". Das ist ja kurz vor Jerusalem. Ich bin auch schon fast da.

*Gabriel stellt sich links im Altarraum auf.*

Sven: Jetzt bleibt nur noch eine Karte übrig: „Nazareth". Na ja, das geht.

*Maria und Josef stellen sich in der Mitte des Altarraums auf.*

Sven: Jetzt können wir beginnen. Hier steht noch: Es wird ausgewürfelt, wer anfängt. Die kleinste Zahl beginnt. Ich habe eine 5.

Fentje: Eine 2.

Philipp: Eine 4.

Onno: Eine 1. Ich darf anfangen.

Sven: Stopp! Ich lese gerade: Jeder Spieler muss noch eine Extra-Karte für Sonderausstattungen ziehen.

*Fentje zieht als Erste.*

Fentje: Mist, bei mir steht als Sonderausstattung: „Schafe – Durch die Schafe ist der Spieler besonders langsam. Er kann immer nur halb so viele Felder weitergehen, wie er gewürfelt hat."

*Währenddessen bei den Hirten:*

Johannes: Haben wir nicht den schönsten Beruf, den es gibt? Alles geht ganz langsam. Die Schafe fressen die ganze Zeit. Wir müssen immer nur ein paar Kilometer am Tag laufen ...

Ruben: Genau, wir können die schöne Natur genießen – dem Gras beim Wachsen zusehen. *(gähnt)* Aber das Rumliegen macht auch ganz schön müde. Am liebsten würde ich mich gleich noch einmal hinlegen.

Hannah: Ja, es ist wirklich schön als Hirtin. Aber ihr beide seid mir ein bisschen faul. Ihr habt doch die ganze Nacht geschlafen, während ich Wache geschoben habe. Jetzt wollt ihr schon wieder schlafen? Und überhaupt: Eigentlich würde ich gerne mal wieder nach Bethlehem gehen. Meine Schwester will bald heiraten und ich möchte gerne meine Familie besuchen.

Johannes: Na ja, wenn du meinst, können wir ja diese schöne Weide verlassen und uns Richtung Bethlehem bewegen.

Ruben: Aber nur ganz langsam. Ohne Stress ...

Sven: Ich habe einen Esel gezogen. „Esel – etwas störrisch, nicht immer verlässlich. Kann aber gut Gepäck tragen und so eine gute Hilfe sein. Rechne zu jeder Würfelzahl immer ein Würfelauge dazu."

*Währenddessen bei Maria und Josef:*

Josef: So, Maria, ich muss mal los!

Maria: Schon wieder?! Du hast doch erst einen Teller Suppe gegessen!

Josef: Ja, aber du weißt doch: Jonathan baut gerade sein neues Haus und er will in zwei Wochen einziehen. Da muss ich als Zimmermann doch mithelfen. Ach, denkst du daran, dass nachher Rahel noch vorbeikommt? Sie muss doch für einige Monate nach Rom und hat uns gebeten, auf ihren Esel aufzupassen.

Maria: Mensch, das hätte ich fast vergessen! Aber ich bin ja auf jeden Fall zu Hause. Hin und wieder ist so ein Esel ja gar nicht schlecht.

Philipp: „Sonderausstattung: Kamele" steht hier: „Kamele – schnelle und sichere Reisetiere. Du darfst mit zwei Würfeln würfeln." Jetzt habe ich ja doch wieder eine Chance.

*Währenddessen im Morgenland:*
Caspar: Hallo Melchior, hallo Balthasar! Was macht ihr denn hier?
Melchior: Wir dachten, wir kommen dich mal besuchen! Wir haben zwei neue Kamele, die wir dir zeigen wollen. Ein babylonischer Prinz hat sie uns geschenkt.
Balthasar: Außerdem wollen wir mal sehen, wie es mit deinen Himmelsforschungen steht.
Caspar: Das mit den Kamelen ist toll! Die kann man für Auslandsreisen immer gut gebrauchen. Und ich glaube, wir müssen bald eine Reise unternehmen. Die Sterne am Himmel sind ganz durcheinander. Irgendetwas geht da in Palästina vor. Ich kann es nur noch nicht ganz deuten.

Onno: So, nun zu meiner Karte: „Flügel – Mit Flügeln hat man drei Freiflüge, die bei besonderen Aufträgen eingesetzt werden können."

*Währenddessen macht Engel Gabriel einen Briefumschlag auf:*
Gabriel: Oh, ein neuer himmlischer Auftrag! Dann muss ich wohl gleich los. Und was ist das? Flügel?! Ich habe noch nie Flügel getragen. Das ist nur etwas für Anfängerengel! Ich bin auch so schnell genug! Manchmal frag ich mich schon, was die himmlische Abteilung für Engelsausrüstung sich da wieder denkt. Also mit Sicherheit werde ich keine Flügel tragen!

## 2. Szene: Das Spiel beginnt

Fentje: Jetzt lasst uns endlich anfangen!
Onno: Ich fang an *(würfelt)* – eine 2. Das geht ja nicht so toll los!
*Onno setzt zwei Felder vorwärts.*
Onno: Ein Ereignisfeld! Ich zieh mal eine Karte. *(zieht eine Karte und liest vor)* „Ereigniskarte – begib dich nach Nazareth! Wenn du die Sonderausstattung „Flügel" hast, kannst du noch in diesem Zug dorthin."

*Gabriel taucht in Nazareth auf, spricht zu sich selbst.*
Gabriel: Na, das ist ja endlich mal ein schöner Auftrag, den ich aus dem himmlischen Planungsbüro erhalten habe! Ich soll zu einer jungen Frau gehen – Maria heißt sie – und ihr mitteilen, dass sie ein Kind bekommen wird. Ah, da sehe ich ja schon ihr Haus! Hoffentlich ist sie da!

*Gabriel klopft an.*
Maria: Herein!
Gabriel: Guten Tag, Maria! Mein Name ist Gabriel.
Maria: Guten Tag, Gabriel. Woher kennst du meinen Namen?
Gabriel: Ich bin ein Engel. Da weiß ich eine ganze Menge. Ich habe eine Nachricht für dich – eine Nachricht direkt aus dem Himmel –, die lautet:
„Liebe Maria aus Nazareth, du wirst ein Kind bekommen. Du sollst es Jesus nennen. Er wird der Sohn Gottes und der Retter der Menschen sein. Er wird Gottes Liebe auf die Welt bringen!"
Und, freust du dich?
Maria *(etwas durcheinander)*: Ja, schon! Es ist ja etwas Tolles, ein Kind zu bekommen. Und dann auch noch Gottes Sohn. Aber was wird Josef dazu sagen? Wir wollten doch erst unser eigenes Haus bauen, bevor wir Kinder bekommen. Und jetzt?

| Gabriel: | Das weiß ich auch nicht. Besprich es einfach mit Josef! Ich muss leider weiter. Alles Gute für dich! Tschüs! |

*Gabriel verlässt Maria. Maria bleibt zurück und setzt sich hin. Josef kommt herein.*

| Josef: | Hallo, Maria! Ich bin wieder da. Der Bau bei Jonathan geht schneller als erwartet, sodass ich heute früher nach Hause kann. Aber was ist denn mit dir los? |
| Maria: | Ach, Josef. Ich weiß gar nicht, ob ich lachen oder weinen soll. Wir bekommen ein Kind – in ungefähr neun Monaten. Das ist doch viel früher, als wir geplant haben. |
| Josef: | Oh, das ist eine Überraschung! Aber weißt du was, Maria? Ich freue mich. Ich habe mir schon immer ein Kind gewünscht, und wenn es jetzt früher kommt als gedacht, ist das auch in Ordnung. *(guckt im Kalender nach)* Aber was sagst du? In neun Monaten!? Da müssen wir doch nach Bethlehem – wegen dieser Volkszählung. |
| Maria: | Wieso denn nach Bethlehem? |
| Josef: | Du weißt doch: Ich bin ein Nachfahre des großen Königs David. Der hat in Bethlehem gelebt und jeder muss dort zur Volkszählung gehen, wo seine Vorfahren herkommen. Also müssen wir leider nach Bethlehem – und zwar genau dann, wenn das Kind geboren werden soll. Aber weiß du was? Wir haben doch seit einiger Zeit den Leihesel. Der kann uns auf dem Weg bestimmt eine große Hilfe sein. |
| Maria: | Ach, Josef, was wäre ich ohne dich?! Ich glaube, zusammen schaffen wir das. |

| Philipp: | Jetzt bin ich aber mit dem Würfeln dran. Ich darf ja mit zwei Würfeln würfeln. *(würfelt)* Eine 2 und eine 1. Na toll! Oh, auch gleich ein Ereignisfeld! „Ereigniskarte – Du bist zu früh losgelaufen. Geh gleich zurück zum Startpunkt." Blödes Spiel! |

Melchior: Hey, Caspar, die Kamele sind schon lange für unseren Urlaub am Toten Meer fertig gepackt. Wir haben ihn doch schon so lange geplant!
Balthasar: Wir sind sogar schon ein paar Kilometer vorweggeritten. Da haben wir gemerkt, dass du gar nicht mitgekommen bist. Was ist denn los?
Caspar: Ich musste noch einmal durch mein Fernrohr sehen. Am Himmel ist gerade so viel los. Ich habe da eine ganz besondere Sternenkonstellation entdeckt. Alles deutet darauf hin, dass in Palästina ein neuer König geboren wurde. Sollen wir nicht dorthin reisen und dem König unsere Aufwartung als Sternenforscher machen?
Melchior: Na, da wir sowieso verreisen, können wir auch dorthin.
Balthasar: Aber wohin müssen wir denn genau?
Caspar: Das kann ich nicht so gut erkennen. Ich denke, wir reisen erst einmal nach Jerusalem. Dort wohnt doch König Herodes. Der wird es ja wohl wissen, wenn ein neuer König geboren worden ist.
Balthasar: Das ist gut! Und ich packe gleich noch ein bisschen Gold, Weihrauch und Myrrhe ein. Falls wir den neuen König tatsächlich treffen, wäre ein Geschenk nicht schlecht.

Sven: Na, Philipp, du bist ja schon weit gekommen! Mal sehen, ob ich mehr Glück habe. *(lacht und würfelt)* Eine 3 plus ein Feld dazu für den Esel – also 4 Felder vor. Das ist schon was!

*Maria und Josef sind auf dem Weg.*
Maria: Mensch, ich hätte nicht gedacht, dass das Reisen als Schwangere so anstrengend ist. Gut, dass wir den Esel mithaben!
Josef: Ja, genau! So haben wir schon eine schön weite Strecke geschafft. Wenn es so weitergeht, sind wir bald in Jerusalem. Und dann ist es gar nicht mehr so weit.

| | |
|---|---|
| Maria: | Gut, wenn wir bald da sind! Viel Kraft habe ich nicht mehr! |
| Fentje: | Jetzt darf ich endlich auch mal würfeln! *(würfelt)* Eine 1. Na ja, immerhin ein Feld! |
| Philipp: | Du darfst doch immer nur die Hälfte ziehen! Die Hälfte von 1 ist ein halb – und halbe Felder gibt es nicht. Dann musst du wohl diese Runde aussetzen. |
| Fentje: | Das ist ja doof! So kann ich nicht gewinnen! |

*Die Hirte lagern weiter am Lagerfeuer.*

| | |
|---|---|
| Hannah: | Johannes und Ruben, lasst uns mal aufbrechen! Ich habe doch gesagt, dass ich bald zu meiner Schwester nach Bethlehem will. Die Schafe sind sowieso nicht so schnell. Ich würde gerne losgehen. |
| Johannes: | Ja, immer mit der Ruhe! Es ist gerade so schön hier. Ich glaube, es reicht auch, wenn wir erst morgen losgehen. |
| Ruben: | Genau, hetz' uns nicht! Es ist doch egal, ob wir morgen oder übermorgen in Bethlehem ankommen. Ich leg mich noch mal hin. |
| Hannah: | Na gut! Aber morgen brechen wir wirklich auf. Versprochen? |
| Johannes: | Klar, versprochen! |
| Ruben: | Ja ja, versprochen! |

## 3. Szene: Spielrunde 2

| | |
|---|---|
| Onno: | Seltsam, nur du, Sven, bist deinem Ziel näher gekommen. Ich bin statt in Richtung Bethlehem in Nazareth gelandet. Und Philipp und Fentje sind noch am Startort. Lasst uns weiterspielen: *(würfelt)* Eine 6. Hurra! Nun bin ich ein ganzes Stück weiter – fast schon in Jerusalem. |

*Gabriel schlendert in der Kirche herum, spricht zu sich selbst.*

Gabriel: Komisch, seitdem ich Maria die Nachricht von ihrer Schwangerschaft brachte, habe ich keine Aufträge mehr aus dem Himmel bekommen. Ich glaube, ich gehe jetzt erst einmal nach Jerusalem. Vielleicht ist dort ja etwas zu tun.

Philipp: So, ich bin dran! Jetzt habe ich hoffentlich mehr Glück! *(würfelt)* Eine 5 und eine 5 – zehn Felder. Darf ich bei einem Pasch eigentlich noch einmal würfeln?

Fentje: Ich denke nicht! Das wäre ja ungerecht. **Wir** können nie einen Pasch würfeln, weil wir nur mit einem Würfel spielen dürfen.

*Die drei Weisen ziehen langsam durch die Kirche.*

Caspar: Jetzt haben wir schon einen ganz schön weiten Weg zurückgelegt!

Balthasar: Bald kommen wir in Jerusalem an. Ich hoffe, dass uns Herodes schnell sagen kann, wo wir hinmüssen. Nur auf Kamelen zu reisen ist auf Dauer auch nicht so spannend.

Melchior: Ja, nach dieser Reise brauche ich dringend Urlaub!

Sven: Jetzt werde ich würfeln. *(würfelt)* Oh, nur eine 2, plus Esel sind es 3! Das Spiel dauert doch länger. 1 – 2 – 3, auch noch ein Ereignisfeld: „Ereigniskarte – Du musst dich dringend ausruhen und setzt eine Runde aus." Na toll!

*Maria und Josef sitzen müde am Wegesrand.*

Maria: Josef, ich kann nicht mehr – und der Esel auch nicht! Wir brauchen dringend eine Pause!

Josef: Aber Maria, wir haben es doch bald geschafft. Es ist nicht mehr weit. Man kann den Tempel von Jerusalem schon fast sehen. Und dann ist es nicht mehr weit bis Bethlehem. Können wir nicht noch ein bisschen weiterlaufen?

Maria: Nein, keinen Schritt mehr! Wenn wir jetzt nicht hier unter dem Baum wenigstens bis morgen lagern, kannst du mich nach Bethlehem tragen.
Josef: Na gut, machen wir Pause!

Fentje: So, jetzt muss es bei mir aber doch mal weitergehen! *(würfelt)* Eine 6 – das sind ja drei Schritte vorwärts. Vielleicht schaffe ich es doch noch bis nach Bethlehem.

*Die Hirten brechen auf.*
Hannah: Johannes, hast du endlich die Schafe zusammengetrieben, sodass wir los können?
Johannes: Ja, ich bin schon lange fertig. Die Schafe sind zusammengetrieben. Ich habe alle Sachen gepackt. Von mir aus können wir los. Aber was ist denn mit Ruben?
Ruben: Immer mit der Ruhe! Ich muss mich erst einmal strecken. Wir kommen schon noch ans Ziel. Noch einen Schluck Wasser trinken, dann können wir ja ein bisschen gehen – so eine Stunde oder so.
Hannah: Eine Stunde?! Ich möchte bei meiner Schwester vor ihrer Hochzeit ankommen, nicht erst, wenn ihre Enkelkinder heiraten.
Johannes: Ja, lasst uns endlich losgehen!
Ruben: Na, guuut! Dann wollen wir mal!
*Hannah und Johannes bewegen sich ein wenig Richtung Bethlehem.*

**4. Szene: 3. Runde**
Philipp: Wer führt eigentlich gerade?
Onno: Fentje ist am nächsten an Bethlehem dran, aber die Hirten mit ihren Schafen sind ja nicht sehr schnell. Dann kommt Sven, aber der muss aussetzen. Ich glaube, ich habe die besten Chancen, und werde jetzt auch mal würfeln. Mit einer 6 bin ich im Ziel. *(würfelt)* Leider nur eine 5, aber in der nächsten Runde habe ich es geschafft. 1 – 2 – 3 – 4 – 5.

Oh nein, schon wieder ein Ereignisfeld! „Ereigniskarte – bewege dich sofort nach Jerusalem. Verfügst du über Flügel oder ein Kamel, kannst du direkt dorthin springen." Schon wieder nach Jerusalem – so kurz vor dem Ziel!

*Gabriel hält einen Umschlag in der Hand.*
Gabriel: Na, endlich mal wieder ein himmlischer Auftrag! Mal sehen, was es diesmal ist: „Hallo Gabriel, gehe nach Jerusalem! Dort triffst du auf drei weise Männer aus dem Morgenland, die auf der Suche nach dem neugeborenen König sind. Sie fragen erst einmal bei König Herodes nach. Der führt aber Böses im Schilde. Also musst du die Weisen umstimmen." Das hört sich ja leicht an!

Philipp: Ich kann es auch mit einem Wurf schaffen. Ich habe ja zwei Würfel. 10 Augen brauche ich. *(würfelt)* Eine 5 und eine 1. Immerhin komme ich bis Jerusalem. Ach, da stehst du ja schon, Onno!

Caspar: So, da vorne ist Jerusalem. Lasst uns gleich zu König Herodes gehen! Der kann uns bestimmt weiterhelfen.
Melchior: Wo finden wir ihn denn?
Balthasar: Ich war schon einmal in Jerusalem. Er hat dort hinten links um die Ecke seinen Palast.

*Sie gehen zum Palast und kommen vor Herodes.*
Balthasar: Oh, großer König Herodes! Wir kommen von weit her.
Melchior: Wir heißen Caspar, Balthasar und Melchior und haben eine Frage an dich.
Caspar: Wir sind drei weise Männer aus dem Morgenland und haben am Himmel beobachten können, dass ein neuer König geboren wurde. Zu dem wollen wir. Kannst du uns weiterhelfen?
Herodes: Ein neuer König?! Ich bin der König! Niemand anderes!

|            | Ich weiß nichts davon. Aber liebe Freunde, sucht doch weiter! Und wenn ihr den König gefunden habt, dann kommt wieder zu mir und berichtet mir davon! |
|---|---|
| Melchior:  | Das machen wir gerne. Danke für deine Hilfe! Auf Wiedersehen. |

*Die drei Weisen gehen raus. Herodes spricht noch zu sich selbst.*
Herodes: Ein neuer König, aha! Will da jemand die Macht an sich reißen? Ich warte mal ab, was diese drei Figuren aus dem Morgenland mir bald sagen. Vielleicht müsste dieser neue König bald beseitigt werden.

*Herodes ab. Gabriel trifft Caspar, Melchior und Balthasar auf der Straße.*
Gabriel: Entschuldigt bitte! Seid ihr die drei Weisen aus dem Abendland – Caspasar, Belchior und Maspar?
Balthasar: Nicht ganz, wir kommen aus dem Morgenland und heißen Caspar, Melchior und Balthasar. Aber woher kennst du unsere Namen?
Gabriel: Entschuldigung, ich habe vergessen mich vorzustellen! Mein Name ist Gabriel, ein Bote Gottes – Erzengel, wenn man es ganz genau nimmt. Ihr kommt gerade von König Herodes. Das ist ein böser Mensch. Wenn ihr eure Suche beendet habt, sollt ihr nicht zu ihm zurückkehren, sondern einen anderen Weg wählen.
Melchior: Aber wir wissen nicht einmal, wo wir weitersuchen sollen.
Gabriel: Ach, das ist kein Problem! Geht nach Bethlehem! Dort werdet ihr den neugeborenen König finden.

Sven: Ich muss aussetzen. Du bist dran, Fentje.
Fentje: Danke! Drei Felder noch. Mit einer 6 habe ich es geschafft. *(würfelt)* Eine 4. Na, wer sagt's denn? Zwei Felder vor! Ich bin kurz vor Bethlehem.

*Hirten gehen ein bisschen weiter.*

Johannes: Siehst du, Hannah! Wir sind schon fast in Bethlehem.
Ruben: Dein ganzes Gequengel war vollkommen unnötig. Nun sind wir schon fast da.
Hannah: Ja genau! Betonung auf „fast"! Ich wäre eigentlich **jetzt** schon gerne da!

## 5. Szene: Bethlehem

Onno: Bald ist das Spiel zu Ende. Aber bei meinem Glück werde ich auch jetzt nicht ankommen! *(würfelt)* Eine 3. Schon wieder dieses Ereignisfeld. Das hat wohl etwas gegen mich. „Ereigniskarte – Rücke sofort auf das Feld, das mit den Hirten besetzt ist! Wenn du Flügel hast, gehe direkt dort hin." Na klar, ich umkreise erst Bethlehem, damit ich ja nicht gewinne.

*Gabriel macht wieder einen Umschlag auf.*
Gabriel: Noch ein Auftrag! Langsam wird es ja etwas stressig: „Hallo Gabriel, ein letzter Auftrag – erst einmal. Suche die Hirten auf, die vor Bethlehem lagern und sage ihnen, dass sie nach Bethlehem kommen sollen, um das neugeborenen Kind zu sehen!"
*Gabriel macht sich auf den Weg.*

Philipp: Ich bin dran. *(würfelt)* Zwei Einsen. Wieder ein Pasch. Aber das bringt ja nicht viel.

*Die Weisen rücken ein bisschen weiter Richtung Bethlehem.*

Sven: Eine 5 und ich habe gewonnen. *(würfelt)* Eine 3 – plus ein Auge für den Esel. Das reicht nicht ganz. Ich komme nur auf das Ereignisfeld. Diese Ereignisfelder sind aber wirklich doof. „Ereigniskarte – Du darfst ein Feld vorziehen." Ein Feld vor! Dann habe ich doch gewonnen. Jaah!

Philipp: Herzlichen Glückwunsch! Aber wir spielen jetzt noch zu Ende. So steht es in der Anleitung.
Fentje: Ja, wir wollen auch noch in Bethlehem ankommen.

*Maria und Josef kommen in Bethlehem an.*
Josef: Wir haben es geschafft, Maria! Wir sind in Bethlehem. Dort hinten ist ein Gasthaus. Da werden wir uns ein Zimmer nehmen. *(klopfen an)*
Rahel: Guten Tag. Was kann ich für euch tun?
Maria: Wir sind Maria und Josef aus Nazareth. Ich bin schwanger und ich brauche dringend ein Bett.
Rahel: Das tut mir leid. Ich habe keine Betten frei. Aber wisst ihr was? Ich habe einen trockenen warmen Stall, dort könnt ihr hingehen.
Josef: Danke. Hauptsache, wir können im Warmen schlafen.
*Maria und Josef gehen in den Stall. Jesus wird geboren. Der Stern geht an.*

Fentje: Ein Feld nur noch! Ich muss eine 2 oder mehr würfeln. Dann bin ich zweite. *(würfelt)* Hurra, eine 2! Ich habe es endlich geschafft!

Hannah: So, Ruben und Johannes, können wir jetzt endlich weiter? Dort hinten sehe ich schon das Haus meiner Schwester. Wir sind gleich da.
Ruben: Also von mir aus hätten wir schon lange weiterziehen können. Johannes trödelt immer so.
Johannes: Was?! Ich habe getrödelt?! Du hast doch immer geschlafen! Aber egal ... Wer ist denn der da?
*Gabriel erscheint.*
Gabriel: Guten Tag, ihr lieben Hirten! Gut, dass ich euch treffe!
Johannes: Wir haben leider gar keine Zeit für dich. Wir müssen zu Hannahs Schwester.
Hannah: Äh, wer bist du überhaupt?

| | |
|---|---|
| Gabriel: | Ach richtig, ihr kennt mich nicht. Ich habe das Gefühl, dass ich mich mittlerweile schon allen Wanderern auf dem Weg nach Bethlehem einmal vorgestellt habe. Mein Name ist Gabriel. Von Beruf bin ich Engel und habe eine Nachricht für euch: Geht nach Jerusalem ... |
| Hannah: | Nach Jerusalem?! Was sollen wir denn da? |
| Gabriel: | Oh, tut mir leid! Ich bin ganz durcheinander. So viele Nachrichten und Aufträge ... Also geht nach Bethlehem ... |
| Ruben: | Da wollen wir ja sowieso hin – wie gesagt, zu Hannahs Schwester. |
| Gabriel: | Dahin könnt ihr ja auch noch später. Aber geht erst einmal zum Stall der Wirtin Rahel. Dort wurde nämlich in dieser Nacht ein Kind geboren. Dieses Kind ist der Sohn Gottes, der Retter, der allen Menschen Frieden bringt. Besucht zuerst den neuen König! |
| Johannes: | Hannah, der Retter ist da! Lasst uns doch dort noch vorbeigehen! Wir gehören dann zu den Ersten, die Gottes Sohn gesehen haben. |
| Hannah: | Okay, in Ordnung. Wir sind sowieso schon so spät dran, dann macht das auch nichts mehr aus.<br>Danke, Gabriel, für diese gute Nachricht! |
| Gabriel: | Gern geschehen. Wir sehen uns dann gleich in Bethlehem. Friede sei mit euch! |

*Hannah und Johannes gehen zum Stall.*

| | |
|---|---|
| Philipp: | Tja, Onno, jetzt sind nur noch wir beide übrig. Du bist näher dran, aber ich habe auch nur noch zwei Felder. Das werde ich mit zwei Würfeln wohl schaffen. *(würfelt)* 1 und 1 schon wieder! Aber dieses Mal passt es genau. |

| | |
|---|---|
| Balthasar: | Wir haben es geschafft. Da ist Bethlehem. |
| Caspar: | Und über dem Stall strahlt der Stern. |
| Melchior: | Lasst uns hineingehen und dem König unsere Geschenke bringen! |

*Die drei Weisen legen ihre Geschenke im Stall ab, setzen sich dazu.*

Onno: Philipp, kann es sein, dass du mich gerade ausgelassen hast? Aber egal – ich habe angefangen und trotzdem komme ich als Letzter an! Ich brauche ja gar nicht mehr zu würfeln. Ich bin nur noch ein Feld entfernt. Nun sind wir alle da.

*Gabriel stellt sich in den Stall.*
Gabriel: Liebe Maria und Josef, liebe Hirten, liebe weise Männer aus dem Morgenland. Ihr habt alle den Weg nach Bethlehem gefunden. Nun kommt her und freut euch, dass Gottes Sohn auf die Welt gekommen ist!
*Alle stehen auf und stellen sich um die Krippe.*

Sven: Ein schönes Spiel! Alle sind in Bethlehem angekommen.
Fentje: Ja, eigentlich haben wir ja alle ein bisschen gewonnen!
Philipp: Genau, es ist ein richtiges Weihnachtsspiel, also ...
Onno: Frohe Weihnachten!
Alle: Frohe Weihnachten!

## Predigt

Liebe Krippenspielkinder, liebe Gemeinde,

ein Wettrennen zur Krippe, zum neugeborenen Jesuskind?! Das steht so natürlich nicht in der Bibel. Aber doch steht da, dass sich die Hirten, nachdem sie vom Engel erfahren haben, dass Jesus geboren wurde, ganz schnell auf den Weg gemacht haben, um Jesus zu sehen: „Und sie kamen eilend und fanden beide Maria und Josef, dazu das Kind in der Krippe liegen" – wie es in der Weihnachtsgeschichte nach Lukas heißt.

Und auch die Weisen aus dem Morgenland haben einen ganz weiten Weg zurückgelegt, um Jesus zu sehen – mindestens 1200 Kilometer sind sie wohl gelaufen, zu Fuß oder auf ihren Kamelen, das wissen wir nicht genau.

Warum nur? Warum beeilen die Hirten sich so sehr, um zur Krippe zu kommen? Warum nehmen die Weisen einen so weiten Weg auf sich, nur um ein neugeborenes Baby zu sehen? Ein Baby ist ja immer etwas Tolles. Aber 1200 Kilometer zu Fuß würde wohl keiner von uns gehen.

Die Antwort ist ganz einfach: Es ist ja nicht irgendein Kind, das dort in Bethlehem geboren wurde – sondern der Engel verkündigt den Hirten, dass es der Sohn Gottes ist, der Heiland, der, auf den alle gewartet haben. Gott selbst ist ein Mensch geworden.

Die Hirten und auch die Weisen verbinden damit eine große Hoffnung: Es soll besser werden auf der Welt. Wenn Gott selbst bei den Menschen ist, dann kommt Friede auf die Welt. Darum wollen die Hirten und die Weisen so schnell Jesus sehen. Sie erwarten etwas unvorstellbar Gutes von dieser Geburt.

Wenn wir heute Weihnachten feiern, haben wir ja auch Erwartungen – vielleicht erst einmal ganz einfache Erwartungen: Nachher gibt es Geschenke, bestimmt etwas Leckeres zu essen, ein bisschen Weihnachtsmusik, eine ganz besondere Weihnachtsstimmung – das alles ist ja schon ganz wunderbar.

Aber auch für uns ist Weihnachten mehr als nur Geschenke. Wir denken daran, dass Jesus nicht nur für die Hirten oder für die Weisen geboren worden ist, sondern auch für uns. Gott ist vor 2000 Jahren Mensch geworden und das hat für uns heute noch eine große Bedeutung:

Denn so wie Jesus den Hirten Gottes Liebe und Frieden gebracht hat, so hat er uns auch Gottes Liebe gebracht: Seit dem ersten Weihnachten wissen wir, dass Gott uns lieb hat, jede und jeden einzeln.

Gott liebt jeden von uns, so wie er ist. Das ist die besondere Botschaft von Weihnachten für uns alle. Er will uns in unserem Leben begleiten, für uns da sein, uns vergeben, wenn es nötig ist, uns trösten, wenn wir traurig sind, er möchte, dass wir in Frieden leben.

Diese gute Nachricht, die der Engel den Hirten gesagt hat, hören wir auch als eine Nachricht für uns. Gott schenkt uns seine Liebe und seinen Frieden. Und das ist so etwas Besonderes, dass wir wahrscheinlich auch die ganze Strecke zu Jesus laufen würden, um ihn zu sehen.

Glücklicherweise müssen wir das nicht, denn Gott kommt mit seiner Liebe und seinem Frieden zu uns – heute hier in diesen Gottesdienst.

So können wir ein friedliches Weihnachtsfest feiern – mit oder ohne Wettlauf.

Amen.

# 11. Der Morgen danach

## Einführung

Frühmorgens am ersten Weihnachtstag stürmen die Kinder Sarah und Julius in das Schlafzimmer ihrer Eltern. Aber die wollen weiterschlafen und schicken die Kinder weg: Sie sollen mit ihren Geschenken spielen.

So laufen die Kinder zum Weihnachtsbaum und sehen sich ihre Geschenke an: eine elektrische Eisenbahn, Socken und vieles mehr. Sie entdecken auch eine Playmobil-Weihnachtskrippe. Mit dieser versuchen sie, sich gegenseitig die Geschichte von der Geburt Jesu nachzuerzählen. Dabei bringen sie einiges durcheinander.

Während sich die Kinder unter dem Weihnachtsbaum gegenseitig die Geschichte erzählen, wird sie parallel auf der Hauptbühne gespielt.

Zunächst rätseln die Kinder, wann die Geburt Jesu denn stattgefunden hat. Erst langsam kommen sie darauf, dass es etwas über 2000 Jahre her ist. Dann denken sie über den Namen von Jesu Mutter nach: Cornelia und Elisabeth sind es nicht, schließlich fällt es ihnen ein: Sie heißt Maria.

Spannender ist die Frage, wie Maria von der Schwangerschaft erfahren hat. Ihr erster Gedanke ist, dass ein Postbote die Nachricht überbracht hat. Doch schnell wird Julius klar, dass es nicht der Postbote, sondern der Engel Gabriel gewesen ist.

Sie überlegen weiter, wo die Geburt stattgefunden hat. Erst ist Jerusalem in engerer Auswahl, doch sie einigen sich auf Bethlehem. So gehen Maria und Josef dorthin. Anders als Sarah zunächst annimmt, finden sie kein Zweibettzimmer, sondern müssen mit einem Stall vorliebnehmen. Dort wird Jesus geboren. Jesus wird jedoch nicht in Pampers gewickelt und in eine Wiege gelegt, sondern bekommt Stoffwindeln und muss in einer Futterkrippe schlafen.

Schließlich erinnern sich die Kinder noch, dass Besucher beim Stall waren. Erst denken sie an Fischer, doch auch diese Idee verwerfen sie: Es waren Hirten, denn es heißt in dem Lied ja nicht „Kommet, ihr Fischer", sondern „Kommet, ihr Hirten".

So haben die Kinder sich nach und nach die Weihnachtsgeschichte erzählt. Sie freuen sich, dass sie es geschafft haben, und wünschen sich selbst und der Gemeinde frohe Weihnachten.

## Materialliste und technische Hinweise

### Material
- Kostüme
- Stern
- Stall mit Krippe
- Puppe als Jesuskind
- Wecker im Schlafzimmer der Eltern (1. Szene)
- Geschenke unter dem Weihnachtsbaum (elektrische Eisenbahn, Harry Potter-DVD, bunter Teller, Umschlag mit Geld, Socken, Playmobil-Weihnachtskrippe) (2. Szene)
- Briefumschlag mit Stern (3. Szene), Stift und Brief an Maria – *steht zum Ausdrucken bereit*
- Besen für Maria (3. Szene)
- drei Wirtshäuser (6. Szene)
- Einwegwindeln (7. Szene)
- Wiege (7. Szene)
- Schaffell, Schafskäse (Geschenke der Hirten für Jesus; 10. Szene)

**Hinweise**
*Aufführung des Krippenspiels in zwei Teilen*
Teil 1: 1. – 4. Szene
Teil 2: 5. – 11. Szene

*Verschiedene Spielebenen: Jetzt-Zeit und Zeit zu Jesu Geburt*
Das Krippenspiel spielt sowohl heute als auch zu Jesu Zeiten. Die Szenen, die in der Jetzt-Zeit spielen, finden hauptsächlich vor dem Weihnachtsbaum ggf. auf einem Podest statt und sind somit deutlich von den anderen Szenen getrennt.

*Verschiedene Versionen der Weihnachtsgeschichte*
Da die Kinder Sarah und Julius die Geschichte nicht immer sofort richtig erzählen, müssen einige Szenen zweimal gespielt werden: zunächst falsch, danach noch einmal richtig. Beispielsweise verkündigt Gabriel erst den Fischern, dass Jesus geboren wurde, und erst in der zweiten Version kommt er zu den Hirten. Da die Hirten und die Fischer von den gleichen Personen dargestellt werden, ist es wichtig, darauf zu achten, dass der Kostümwechseln von Fischer zu Hirte ohne große Unterbrechung direkt auf der Bühne erfolgen kann.

# Das Stück

*Große Rollen:*     Julius, Kind
                      Sarah, Kind

*Mittlere Rolle:*    Gabriel, Engel

*Kleine Rollen:*     Vater
                      Postbote
                      Ruben, Fischer bzw. Hirte
                      Markus, Fischer bzw. Hirte
                      Sarah
                      Maria, Mutter von Jesus
                      Josef, Vater von Jesus
                      Simon, Wirt
                      Juda, Wirt
                      Ephraim, Wirt

**1. Szene: Schlafzimmer**
*Die Kinder stürmen ins Schlafzimmer der Eltern. Diese liegen im Bett und schlafen.*
Julius:      Morgen, Papa, fröhliche Weihnachten!
Sarah:      Genau, fröhliche Weihnachten! Können wir bald frühstücken? Wir wollen mit unseren Geschenken spielen.
Vater *(sieht auf den Wecker, gähnt):* Sarah und Julius, wisst ihr eigentlich, wie spät es ist!? 6 Uhr! Es ist noch dunkel draußen. – Ihr seid doch gestern Abend erst um 11 Uhr ins Bett gegangen, warum seid ihr denn schon wieder wach?
Julius:      Ach, wir konnten nicht mehr schlafen. Wir sind immer noch so aufgeregt.
Vater:      Dann lasst uns in Ruhe. Ihr könnt ja schon spielen gehen. Frühstück gibt's frühestens um neun.
*Die Kinder rennen jubelnd weg.*
Vater:      Und seid leise!!!

## 2. Szene: Geschenke
*Die Kinder gehen zum Weihnachtsbaum und sehen sich die Geschenke an.*

Sarah: Wir haben schon viele tolle Sachen bekommen! Guck mal, die elektrische Eisenbahn – die können wir doch gleich mal aufbauen.

Julius: Wir können natürlich auch erst mal die neue Harry-Potter-DVD ansehen.

Sarah: Das können wir doch auch nachher noch. Der bunte Teller ist ja auch noch da.

*Beide nehmen sich etwas vom bunten Teller.*

Julius: Weißt du schon, was du dir von Omas Geld kaufst? Ich glaube, ich spare für eine Playstation.

Sarah: Gute Idee. – Oh, guck mal hier! Langweilige Socken. Warum müssen wir immer etwas zum Anziehen bekommen? Das können Mama und Papa uns doch auch so kaufen.

Julius: Ich glaube, das muss einfach so sein. Und was ist das hier? Playmobil – die Weihnachtskrippe? Weißt du noch genau, was da Weihnachten passiert ist? Hier in der Packung sind eine Frau und ein Mann und ein komischer kleiner Engel und so drin.

Sarah: Klar weiß ich das. Das ist schon ganz schön lange her – bestimmt schon über 100 Jahre.

Julius: Natürlich ist es schon über 2.000 Jahre her. Wir haben doch 2018 nach Christi Geburt.

Sarah: Ach ja, richtig. Naja, da war also so eine Frau. Wie hieß sie noch gleich?

*Maria tritt auf die Bühne.*

Julius: Julia ... Cornelia ... Elisabeth ...?

Sarah: Ich hab's, Maria hieß sie.

Julius: Genau, Maria.

Sarah: Maria war also gerade allein zu Hause und fegte das Wohnzimmer, da kam der Postbote ...

### 3. Szene: Postbote

*Postbote geht den Gang entlang, klingelt und tritt bei Maria ein.*

Postbote: Hallo, Maria, ich habe ein Einschreiben für dich, wenn du bitte hier unterschreibst.

Maria: Hallo, von wem ist es denn? *(unterschreibt)*

Postbote: Das weiß ich gar nicht genau – hier steht als Absender nur ein Stern.

Maria: Ich mach's einfach mal auf: *(liest vor)*
„Liebe Maria, du wirst dich vielleicht ein wenig wundern über diesen Brief. Ich habe aber eine gute Nachricht für dich: Du wirst ein Kind bekommen. Es soll Jesus heißen und Gott wird der Vater sein. Dieser Sohn Gottes wird der Retter aller Menschen sein. So, jetzt wünsche ich dir eine schöne Schwangerschaft.
Viele Grüße auch an Josef
Dein Erzengel Gabriel, Gottes Chefsekretär"

Julius: Stopp, stopp, stopp – ich glaube, du bist ein bisschen in der Geschichte verrutscht. Ein Postbote in der Weihnachtsgeschichte?

*Postbote ab, Maria nimmt wieder ihren Besen.*

War das nicht eher so: Maria war also gerade allein zu Hause und fegte das Wohnzimmer. Da stand plötzlich ein Engel vor ihr ...

Sarah: Stimmt, ein Engel war's.

### 4. Szene: Verkündigung

*Engel Gabriel tritt auf.*

Maria: Wer bist du denn?

Gabriel: Hallo Maria, fürchte dich nicht! Ich bin der Erzengel Gabriel und habe eine schöne Nachricht für dich.

Maria: So, welche denn?

Gabriel: Du wirst schwanger werden und das Kind Gottes auf die Welt bringen. Er wird der Retter der Menschheit sein.

| Maria: | Ich soll schwanger werden – ich bin doch noch nicht einmal verheiratet! Nur verlobt – mit Josef. |
|---|---|
| Gabriel: | Hab keine Angst. Bei Gott ist alles möglich. Jetzt erst einmal alles Gute und Grüße an Josef. Tschüs. |

## 5. Szene: Von Nazareth nach Bethlehem

| Sarah: | Du hast recht, so ist es gewesen. Ungefähr neun Monate später geht die Geschichte weiter. In Rom regierte zu der Zeit ein Kaiser, Augustus hieß er. Der wollte nun wissen, wie viele Menschen in seinem Weltreich wohnten. Deshalb organisierte er eine Volkszählung. |
|---|---|
| Julius: | Und dafür mussten alle Menschen in ihre Heimatstädte zurück. Und Josef, Marias Mann, war ein Nachfahre des Königs David, der auch mal in Jerusalem gewohnt hat. |
| Sarah: | Jerusalem? Ich dachte, es war Bethlehem. |
| Julius: | Stimmt, diese ganzen Namen, ich komme richtig durcheinander. Also Maria und Josef mussten den ganzen Weg von Nazareth nach Bethlehem ziehen. Das war alles sehr anstrengend – besonders für Maria. |

*Maria und Josef kommen den Gang entlang.*

| Sarah: | Und irgendwann kamen die beiden endlich in Bethlehem an. Sie brauchten natürlich erst einmal ein Zimmer. Sie klopften an das erste Wirtshaus … |
|---|---|

## 6. Szene: Wirtshäuser

| Josef: | Guten Tag, guter Mann. Ich heiße Josef und bin Zimmermann aus Nazareth. Das ist meine Frau Maria, die bekommt heute vielleicht noch unser erstes Kind. Jetzt brauchen wir einen Raum zum Schlafen. Ihr habt doch bestimmt noch etwas frei. |
|---|---|
| Juda: | Oh, das tut mir leid, gerade eben habe ich das letzte Zimmer hergegeben. Probiere es doch mal nebenan. |

*Josef geht ein Haus weiter.*

| | |
|---|---|
| Josef: | Guten Tag, guter Mann. Ich heiße Josef und bin Zimmermann aus Nazareth. Das ist meine Frau Maria, die bekommt heute vielleicht noch unser erstes Kind. Jetzt brauchen wir einen Raum zum Schlafen. Ihr habt doch bestimmt noch etwas frei. |
| Ephraim: | Da hättet ihr wirklich früher kommen müssen. Ich hab nichts mehr frei. Tschüs. |
| Sarah: | Und so ging es immer weiter. Josef klopfte an ganz viele Türen. Aber er hatte keinen Erfolg. Er probierte es noch einmal. |
| Josef: | Guten Tag, ihr seid unsere letzte Chance – wir brauchen dringend ein Zimmer und meine Frau ist schwanger. Habt ihr noch ein Bett für uns? |
| Simon: | Oh, da habt ihr aber Glück: Ein Zweibettzimmer habe ich noch frei. Kommt doch einfach rein. |
| Julius: | Stopp, soll das ein Witz sein? Das Besondere an der Geschichte ist doch, dass Maria und Josef kein Zimmer finden. Was erzählst du denn da? |
| Sarah: | Ja, du hast ja recht. Der Wirt sagte also: |
| Simon: | Oh, das tut mir wirklich leid. Ich bin schon seit Wochen ausgebucht. Aber ihr braucht wirklich ein Dach überm Kopf, oder? |
| Josef: | Genau, nur irgendetwas, das meine Frau Maria ein bisschen schützt. |
| Simon: | Ich hab da was für euch. Hinter dem Haus habe ich einen alten Stall. Dort könnt ihr heute Nacht schlafen, wenn euch Ochs und Esel nicht stören. |
| Josef: | Vielen Dank! Du bist unsere Rettung. Komm, Maria, wir gehen in den Stall. |

**7. Szene: Krippe**
*Simon ab; Maria und Josef im Stall.*
Julius: Und Maria und Josef gingen in den Stall. Dort bekam Maria ihr Kind, wickelte es in Pampers ...
*Maria zeigt Baby und Pampers hoch.*
Sarah: Die hatten bestimmt noch keine Wegwerfwindeln, die hatten Windeln aus Stoff.
Julius: Also Maria wickelt ihr Kind Jesus in Windeln und sie legten es in die Kinderwiege, die Josef in der Zwischenzeit gebaut hatte.
*Das Baby wird in die Wiege gelegt.*
Sarah: Blödsinn! Der Sinn der ganzen Geschichte ist doch, dass der mächtige Gott ganz arm auf die Welt kam. Jesus wurde nicht in eine Wiege gelegt, sondern in eine Krippe.
*Die Wiege wird weggenommen, eine Krippe hingestellt.*
Julius: Richtig – Maria und Josef freuten sich sehr darüber, dass nun ihr Kind geboren war. Sie wollten sich gerne schlafen legen, aber in dieser Nacht passierte noch viel.
Sarah: Über ihrem Stall war nämlich ein ganz heller Stern aufgegangen – als Zeichen dafür, dass in diesem Stall der neugeborene König liegt.

**8. Szene: Fischer**
Sarah: In dieser Nacht waren am nahe gelegenen See ein paar Fischer unterwegs.
*(Die Fischer/Hirten Ruben und Markus haben Fischerhemden an.)*
Julius: Fischer???
Sarah: Klar – Fischer. Die Fischer waren schon den ganzen Tag auf dem See ...

Ruben: Oh Mann, so lange waren wir nun draußen, aber wir haben kaum etwas gefangen. Ich bin hundemüde.
Markus: Ich auch. Aber guck mal! Dahinten ist so ein helles Licht. Wir könnten gefahrlos nochmals auf den See hinausfah-

| | |
|---|---|
| | ren und unser Glück versuchen. Wir brauchen keine Angst haben, uns zu verfahren. |
| Ruben: | Meinst du wirklich? Vielleicht hast du recht – schon seltsam mit dem Licht! |

*Engel Gabriel tritt auf.*

Gabriel: Hallo, ihr Fischer, fürchtet euch nicht, ich …

Julius: Jetzt hab ich's. Es waren keine Fischer. Das Ganze spielt doch nicht am Strand, sondern in Bethlehem. Das heißt doch auch nicht: „Kommet, ihr Fischer", sondern: „Kommet, ihr Hirten".

*Engel Gabriel ab; die Fischer legen sich ein Fell um, werden zu Hirten.*

### 9. Szene: Hirten

Sarah: Stimmt – schade eigentlich. Mit Fischern wäre es auch nicht schlecht gewesen. Aber gut: Ein paar Hirten waren draußen auf ihrem Feld und hüteten ihre Schafe …

Ruben: Das war ein anstrengender Tag – gut, dass die Schafe jetzt endlich schlafen. Oft denke ich, Kinder-Hüten ist leichter.

Markus: Das sagst du nur, solange du noch keine eigenen Kinder hast. Hast du das helle Licht bemerkt, das aus Bethlehem kommt?

Ruben: Ja, komisch. Was das nur zu bedeuten hat?

*Engel Gabriel tritt auf.*

Markus: Wer bist du denn?

Gabriel: Ich bin der Engel Gabriel. Ich komme direkt von Gott zu euch, weil ich euch eine tolle Neuigkeit mitteilen will.

Ruben: Dann mal los!

Gabriel: In Bethlehem ist heute der Sohn Gottes geboren worden. Er liegt in einer Krippe in einem Stall. Dieser Sohn Gottes ist der Retter für alle Menschen und er ist gekommen, um allen zu sagen: „Gott hat euch lieb."

| | |
|---|---|
| Markus: | Endlich hat Gott den versprochenen Retter geschickt. Können wir ihn besuchen? |
| Ruben: | Besuchen – spinnst du, wer soll denn auf die Schafe aufpassen? |
| Markus: | Nun stell dich mal nicht so an. Die Hunde können nach den Schafen gucken und außerdem ist heute solch eine besondere Nacht, da wird schon nichts passieren. |
| Ruben: | Na, vielleicht hast du recht. Du, Gabriel, wie kommen wir denn überhaupt zu diesem Kind? |
| Gabriel: | Oh, das ist leicht. Ihr seht doch den Stern. Der steht genau über dem Stall in Bethlehem. Dort liegt das Kind in Windeln in einer Krippe. Ihr könnt es kaum verfehlen. – Ich will jetzt auch weiter: Friede sei allen Menschen auf der Welt. Tschüs. |
| Ruben: | Tschüs – dann mal los. |

**10. Szene: Hirten bei Jesus**

Julius: Die Hirten kamen mitten in der Nacht beim Stall an ...

*Markus klopft.*
| | |
|---|---|
| Markus: | Äh – hallo – äh, sind wir hier richtig bei dem Sohn Gottes, der alle Menschen retten soll? |
| Maria: | Ja, seid willkommen. Hier liegt er, unser lieber Sohn Jesus. Ist er nicht süß? |

*Die Hirten gehen zur Krippe.*
| | |
|---|---|
| Ruben: | Oh ja. Toll, dass wir die Ersten sind, die Gottes Sohn sehen. |
| Markus: | Wir haben auch ein paar Geschenke mitgebracht: ein Schaffell für das Kind, damit es nicht so friert, und ... |
| Ruben: | ... und etwas Schafskäse, damit ihr keinen Hunger haben müsst. |
| Markus: | Apropos Schaf. Wir müssen wieder zu unseren Schafen. Wir sind so froh, dass wir hier bei Jesus sein durften. Auf Wiedersehen. |

Ruben: Auf Wiedersehen.
Maria und Josef: Alles Gute.
*Hirten treten vor die Tür.*
Ruben und Markus *(rufen):* Hurra, wir haben Gottes Sohn gesehen. Er liegt hier in der Krippe. Kommt alle her und schaut ihn euch an! Friede sei mit euch!

**11. Szene: Frohe Weihnachten**

Julius: So ging es noch die ganze Nacht. Die Hirten mussten es allen Menschen zurufen, die sie auf der Straße sahen. So sehr freuten sie sich.
Sarah: Es ist ja auch eine wirklich schöne Geschichte.
Julius: Und das Tolle ist, sie ist wirklich wahr – zumindest das meiste davon. Jesus Christus, der Sohn Gottes und Retter der Menschen, ist wirklich vor ungefähr 2000 Jahren geboren worden. Noch mal: Frohe Weihnachten!
Sarah: Ja, frohe Weihnachten!

## Predigt

Liebe Gemeinde:
„Also, Maria wickelt ihr Kind Jesus in Windeln und sie legten es in die Kinderwiege, die Josef in der Zwischenzeit gebaut hatte." – „Blödsinn. Der Inhalt der ganzen Geschichte ist doch, dass der mächtige Gott ganz arm auf die Welt kam. Jesus wurde nicht in eine Wiege gelegt, sondern in eine Krippe."

Wenn ich an Gott denke, denke ich daran, wie mächtig er ist – dass ihm nichts unmöglich ist. Und dieser Gott wird Mensch.

Wenn ich nun dieser Gott wäre und als Mensch auf die Welt kommen würde, dann würde ich mir reiche Eltern aussuchen.

Vielleicht ein Königshaus mit vielen Dienern, natürlich mit einer Kinderwiege, mit genügend Spielzeug – am liebsten auch mit Pampers, aber die gab es damals ja nun einfach noch nicht. Wenn ich schon Mensch werde, möchte ich es doch zumindest schön haben in meinem Leben.

Aber ich bin nun mal nicht Gott – was ja auch ganz gut ist – und Gott wählt einen anderen Weg. Sein Sohn Jesus wird in einem Stall geboren. Die Eltern Maria und Josef wohnen eigentlich in einem ganz anderen Dorf, Josef ist Zimmermann und gehört wahrscheinlich auch nicht zu den reichsten Menschen der damaligen Zeit.

Natürlich gibt es keine Pampers und auch keine Wiege. Jesus, Gottes Sohn, muss in eine Futterkrippe gelegt werden. Zum Gratulieren kommen nicht reiche und mächtige Freunde, sondern ein paar Hirten, die selbst nichts zu verschenken haben – außer vielleicht ein Schafsfell und einen Schafskäse, aber davon steht auch nichts in der Bibel.

Gott hat einen echt schweren Start in das Leben gewählt. Und das war kein Versehen, sondern mit voller Absicht.

Gott kam nämlich nicht auf die Welt, um mit den Reichen und Mächtigen im Land in Saus und Braus zu leben, sondern er kam gerade für die normalen, einfachen Leute (auch für die Reichen und Mächtigen, aber nicht nur für sie). Mit den einfachen Menschen, den

Hirten, den Handwerkern, den Kindern – mit den Menschen wie du und ich – wollte Jesus zusammen sein.

Und er wollte ihnen von Gott erzählen. Er wollte ihnen berichten, dass Gott für jeden Menschen an jedem Tag da ist – dass er weiß, wie schwer das Leben sein kann. Und besonders wollte Jesus erzählen, dass Gott die Menschen liebt, dass Gott uns liebt – so wie wir sind. Er liebt uns sogar, obwohl wir hin und wieder auch Fehler machen und unser Glaube an Gott oft gar nicht so groß, sondern eher klein und zweifelnd ist.

Gott ist nicht der Weihnachtsmann oder der Nikolaus, der mit seiner Rute kommt und fragt, ob wir brav sind. Und wenn wir dann nicht ganz so brav waren, gibt es entweder kein Geschenk oder etwas mit der Rute.

Bei Gott ist es nicht so. Er muss nicht erst fragen, ob wir immer brav gewesen sind, er weiß, dass wir es nicht immer sind. Und trotzdem beschenkt er uns mit seiner Liebe, eine Rute gibt es bei Gott nicht.

Dafür ist Gott auf die Erde gekommen, dafür ist Jesus geboren worden, um den Menschen diese gute Nachricht zu bringen: Gott liebt dich. Und er wollte es eben nicht nur den Königen erzählen, sondern auch den Menschen, die kein so einfaches Leben haben.

Deshalb wurde er in eine Krippe und gerade nicht in eine wunderschöne, weiche Wiege gelegt. So konnten die einfachen Menschen merken: Jesus ist einer von uns, er weiß, wie wir leben müssen. Ihm können wir glauben, wenn er von Gott, von seinem Friedensreich und von seiner Liebe erzählt. Er weiß, wovon er spricht.

Liebe Kinder, liebe Eltern und Großeltern, liebe Gemeinde, lasst euch heute reichlich beschenken.

Natürlich mit den Geschenken, die nachher unter dem Baum liegen, aber nicht nur damit, sondern auch mit dem Kind, dessen Geburtstag wir heute feiern. In diesem Kind steckt Gottes ganze Liebe drin und jede und jeder von uns bekommt es geschenkt.

Amen.

# 12. Der zehnte Geburtstag

## Einführung

Jesus feiert mit seinen Freunden Felix, Rebecca, Simon und Deborah seinen zehnten Geburtstag. Sie sitzen am Geburtstagstisch und Josef bringt Kuchen und Schokoküsse herein. Er erzählt, obwohl er gar nicht dabei war, von der Ankündigung der Geburt Jesu.

Dabei bringt er aber einiges durcheinander: Er erzählt, dass der Bürgermeister Rafael, Felix' Vater, die Nachricht von der Schwangerschaft überbracht habe. Maria, die das mitbekommt, korrigiert: Nicht Rafael, sondern der Engel Gabriel hat ihr von der bevorstehenden Geburt berichtet.

Die Kinder sind von der Geschichte begeistert. Aber auch Rafael hat eine Rolle gespielt: Er hat Maria und Josef damals von der Volkszählung berichtet, für die alle in die Städte ihrer Vorfahren reisen mussten. Da Josef von König David aus Bethlehem abstammt, mussten Maria und Josef also dorthin. Freundlicherweise war der Eselszüchter Silas, Rebeccas Vater, bereit, den beiden einen Esel für die Reise auszuleihen.

In Bethlehem mussten Josef und Maria feststellen, dass kein Zimmer mehr frei war. Doch das Wirtsehepaar Noomi und Ruben, die Eltern von Deborah, stellten Maria und Josef ihren Stall zur Verfügung. So konnte Jesus hier geboren werden.

Simon erinnert sich, dass auch seine Eltern, die Hirten Aaron und

Judith, dabei waren. Sie erfuhren damals von Gabriel, dass Jesus geboren war. So machten sie sich auf den Weg zum Stall und gehörten zu den Ersten, die Jesus gesehen hatten.

Die Kinder auf dem Geburtstag überlegen, wer wohl noch bei der Geburt dabei gewesen ist, als es plötzlich an der Tür klingelt. Es ist Ava, die Tochter des Weisen Caspar. Sie erzählt, dass ihr Vater damals gemeinsam mit Balthasar und Melchior an der Universität des Morgenlandes gearbeitet und einen besonders hellen Stern am Himmel entdeckt hat. Die Weisen deuteten den Stern als ein Zeichen dafür, dass ein neuer König geboren worden sei. Daher hat sich auch ihr Vater mit seinen Freunden auf den Weg nach Bethlehem gemacht und war so Zeuge der Geburt Jesu.

Die Kinder bei Jesu Kindergeburtstag haben so die ganze Geburtsgeschichte erfahren und sind begeistert, dass ihre Eltern alle bei der Geburt Jesu eine Rolle gespielt haben und sie mit diesem wichtigen Menschen befreundet sind.

## Materialliste und technische Hinweise

**Material**
- Kostüme
- Stern
- Stall mit Krippe
- Puppe als Jesuskind
- gedeckter Geburtstagstisch (1. Szene)
- Tür mit Klingel (1. Szene)
- Schnitzmesser (als Geschenk verpackt) (1. Szene)
- Kuchen (1. Szene)
- Schokoküsse (1. Szene)
- Bügelbrett, Bügeleisen, Bügelwäsche (2. Szene)
- Nachricht, die Rafael bekommen hat (2. Szene) – *steht zum Ausdrucken bereit*
- Tablett mit Apfelsaftbechern (2. Szene)

- Eimer, Putzlappen (2. Szene)
- kleine Trittleiter (2. Szene)
- Rundschreiben (3. Szene) – *steht zum Ausdrucken bereit*
- Krug mit Wasser, Wasserbecher, Brot (4. Szene)
- Lagerfeuer (5. Szene)
- Gold, Weihrauch, Myrre (6. Szene)
- Fernglas (6. Szene)

**Hinweise**
*Aufführung des Krippenspiels in drei Teilen*
Teil 1: 1. + 2. Szene
Teil 2: 3. + 4. Szene
Teil 3: 5. + 6. Szene

*Verschiedene Spielebenen: Zeit zu Jesu Geburt und Zeit zu Jesu 10. Geburtstag*
Das Krippenspiel spielt sowohl zehn Jahre nach Jesu Geburt als auch zu Jesu Geburt selbst. Sinnvoll ist es, die Szenen zum 10. Geburtstag auf einem Podest etwas abseits spielen zu lassen. Maria und Josef müssen gelegentlich zwischen den verschiedenen Bühnen hin- und herspringen.

## Das Stück

### Kinder – zehn Jahre nach Jesu Geburt:
*Mittlere Rollen:* Jesus
Rebecca, Tochter des Eselzüchters Silas

*Kleine Rollen:* Felix, Sohn des Bürgermeisters von Nazareth
Simon, Sohn der Hirten aus Bethlehem
Deborah, Tochter des Wirtsehepaares von Bethlehem
Ava, Tochter des Weisen Caspar aus dem Morgenland

### Mitspieler im Jahr der Geburt Jesu:
*Große Rollen:* Maria
Josef

*Mittlere Rollen:* Rafael, Bürgermeister von Nazareth
Ruben, Wirt in Bethlehem
Gabriel, Engel

*Kleine Rollen:* Silas, Eselzüchter in Nazareth
Aaron, Hirte in Bethlehem
Judith, Hirtin in Bethlehem
Noomi, Wirtin in Bethlehem
Caspar, Weiser aus dem Morgenland
Balthasar, Weiser aus dem Morgenland
Melchior, Weiser aus dem Morgenland

### 1. Szene: Geburtstag
*Der zehnjährige Jesus sitzt allein am gedeckten Geburtstagstisch. Es klingelt an der Tür. Felix und Rebecca stehen vor der Tür. Jesus macht auf.*
Felix und Rebecca *(singen):* Happy Birthday to you! Happy Birthday to you! Happy Birthday, lieber Jesus! Happy Birthday to you!

Jesus: Felix und Rebecca! Toll, dass ihr endlich da seid! Kommt doch rein!
Felix: Danke! Wir haben dir auch etwas mitgebracht.
*Felix gibt Jesus ein Geschenk, er wickelt es aus.*
Jesus: Ein Schnitzmesser! Danke! Das kann ich gut gebrauchen. Setzt euch doch! Gleich gibt's Kuchen.
*Die drei setzen sich.*
Rebecca: Oh, drei Plätze sind noch frei. Wer kommt denn noch?
Jesus: Ach, das sind noch drei Freunde von außerhalb. Eigentlich sind es die Kinder der Freunde meiner Eltern. Ich musste sie einladen. Aber sie sind trotzdem ganz nett.
*Josef kommt mit Kuchen und Schokoküssen ins Zimmer.*

Josef: Hallo, Felix, hallo, Rebecca! Ihr seid schon da!? Hier ist Kuchen – und weil heute solch ein besonderer Tag ist, gibt's auch noch Schokoküsse.
Felix: Guten Tag, Josef. Wieso? Ist heute nicht ein ganz normaler Geburtstag?
Josef: Nein, heute wird Jesus doch zehn Jahre alt. Er nullt zum ersten Mal. Und da denken Maria und ich natürlich ganz besonders daran, wie es damals gewesen ist.
Rebecca: Wieso? Wie ist es denn gewesen? Kinder werden doch ständig geboren. Was war bei Jesus denn so besonders?
*Josef setzt sich.*
Josef: Das will ich euch gerne erzählen.
Jesus: Muss das jetzt sein?! Ich habe die Geschichte schon so oft gehört!
Felix: Also ich finde es spannend. Bitte erzähl doch, Josef!
Josef: Es ging vor fast elf Jahren los. Eigentlich müsste es Maria erzählen, denn ich musste damals ein Haus im Nachbardorf bauen und war gar nicht da. Aber Maria ist gerade in der Küche. Deswegen erzähle ich es euch.
Damals waren wir beide noch ganz frisch zusammen. Wir wollten gerne Kinder haben. Aber erst einmal wollte ich

noch ein bisschen Geld verdienen, damit wir uns ein größeres Haus bauen konnten.

*Gleichzeitig sieht man auf einer anderen Bühnenebene Maria vor zehn Jahren.*

Maria war gerade zu Hause und bügelte unsere Wäsche. Da kam unser Bürgermeister Rafael ins Haus.

### 2. Szene: Verkündigung

Maria: Rafael, hallo! Was ist mit dir denn los, dass du hier bei mir so hereinstürzt? Ist irgendetwas passiert? Ist irgendetwas mit Josef?

Rafael: Nein, keine Panik! Es sind eher gute Nachrichten. Gerade eben kam ein Eilbote aus Rom zu mir – mit einer ganz seltsamen Nachricht: Darin stand – Moment, ich habe die Nachricht mitgebracht *(zieht ein Papier aus der Hosentasche)*: „Achtung, dringende Nachricht aus Rom für Maria, eine junge Frau in Nazareth. Du wirst ein Kind bekommen – in neun Monaten und du sollst es Jesus nennen."

*Maria setzt sich vor Schreck erst einmal hin.*

Maria: Puh, damit hatte ich gar nicht gerechnet! Wir wollten doch mit den Kindern noch warten. Aber wieso wissen die in Rom denn davon? Und wieso hast du diese Nachricht bekommen? Der Bote hätte ja direkt zu mir kommen können.

*Maria und Rafael gehen von der Bühne.*

Felix: Das ist ja eine seltsame Geschichte. Woher wusste mein Vater, dass Jesus kommt, bevor du es wusstest? Du bist ja immerhin der Vater.

Josef: Also ehrlich gesagt, etwas gewundert hat mich das auch. Aber ich war ja nicht dabei, wie gesagt: Ich war zum Hausbau im Nachbardorf und Maria hat es mir erzählt.

*In diesem Moment kommt Maria mit Apfelsaft ins Zimmer.*

Maria: Hallo Felix und Rebecca! Hier bringe ich Apfelsaft.

Josef: Oh, Maria! Ich habe den Kindern gerade erzählt, wie du damals beim Bügeln warst und Rafael in die Wohnung kam und erzählte, dass Jesus geboren werden sollte.
Maria: Ach, Josef! Du bringst wieder alles durcheinander! Es war doch ganz anders. Ich war nicht beim Bügeln, sondern beim Fensterputzen. Und natürlich kam nicht Rafael, sondern Gabriel – Ga-Bri-El!

*Die Erzählung wird auf der anderen Bühnenebene gespielt. Maria putzt Fenster, singt vor sich hin. Gabriel tritt ins Zimmer.*

Gabriel: Guten Tag, Maria. Fürchte dich nicht!
Maria: Was heißt „Fürchte dich nicht"? Ich wäre fast vor Schreck vom Tritt gefallen! Wer bist du?
Gabriel: Ich wollte dich nicht erschrecken. Ich bin Gabriel – ein Engel, ein Bote Gottes. Ich habe ein schöne Nachricht für dich: Du wirst ein Kind bekommen, einen Sohn. Er wird Jesus heißen. Und das Besondere: Er wird der Sohn des Allerhöchsten sein – der Sohn Gottes. Und er kommt, um den Menschen von Gottes Liebe zu erzählen und um die Menschen zu retten.

*Maria setzt sich erst einmal.*

Maria: Damit habe ich ja gar nicht gerechnet. Danke, Gabriel! Was wird Josef nur dazu sagen? Und was sagtest du noch? Wie soll unser Sohn heißen? Jonas?
Gabriel: Jesus soll er heißen. Das bedeutet „Gott hilft". Ich wünsche dir alles Gute für die Schwangerschaft. Jetzt muss ich weiter. Tschüs!

*Gabriel geht. Maria geht wieder zurück zum Geburtstagstisch.*

Maria: Ja, so ist das damals gewesen. Gabriel kam zu mir, nicht Rafael. Aber es war eine schöne Nachricht, über die ich mich sehr gefreut habe.
Rebecca: Was heißt denn, dass Jesus die Menschen retten soll?

| | |
|---|---|
| Jesus: | Genau weiß ich das auch noch nicht. Aber ich denke, dass Gott, mein Vater im Himmel, mir es schon rechtzeitig sagen wird. |
| Rebecca: | Hatte mein Vater nicht auch noch irgendetwas mit deiner Geburt zu tun? |
| Josef: | Ja, tatsächlich! Dein Vater Silas, der größte Eselszüchter hier in Nazareth, hat uns damals sehr geholfen. |
| Maria: | Aber auch der Bürgermeister Rafael hatte uns noch eine Nachricht zu überbringen. Nur war es eine etwas andere, als Josef vorhin sagte. Es war ungefähr einen Monat, bevor Jesus auf die Welt kommen sollte ... |

*Es klingelt an der Tür.*
Maria: Jesus, geh mal erst einmal zur Tür!
*Jesus öffnet die Tür. Simon und Deborah stehen vor der Tür.*
Simon: Herzlichen Glückwunsch zum Geburtstag!
Deborah: Ja, herzlichen Glückwunsch zum Geburtstag!
Jesus: Danke! Kommt rein! – Das sind Rebecca und Felix, Freunde aus Nazareth, und das sind Deborah und Simon aus Bethlehem.
Felix: Bethlehem – wo ist das denn?
Rebecca: Ach, Felix, hast du in der Schule nicht aufgepasst?! Bethlehem ist etwas südlich von Jerusalem. Da hat der große König David gelebt.
Jesus: Genau, König David ist übrigens mein Ur-Ur-Ur-Ur-und-so-weiter-Großvater. Insgesamt sind es ungefähr fünfundzwanzig „Ur-s". In Bethlehem bin ich auch geboren.
Felix: Ach, nicht wie wir in Nazareth? Wie kommt das denn?
Maria: Das wollten wir gerade erzählen ...

## 3. Szene: Aufbruch nach Bethlehem
*Maria und Josef sitzen zu Hause am Esstisch.*
Josef: Maria, du bist die beste Köchin der Welt! Hast du denn auch noch Zeit zum Kochen, wenn unser Baby auf die Welt kommt?

| | |
|---|---|
| Maria: | Das werde ich wohl noch hinbekommen. Aber genau weiß ich es nicht. Ich habe ja auch noch nie ein Baby bekommen. In einem Monat wissen wir mehr. |
| Josef: | Ein Monat nur noch! Ich finde es ganz schön aufregend. |

*Es klopft an der Tür.*

| | |
|---|---|
| Josef: | Herein! Oh, guten Tag, Rafael. Setzt dich! Was führt dich zu uns? |
| Rafael: | Schlechte Nachrichten! Ich habe gerade per Eilboten aus Rom ein Rundschreiben bekommen. Ich lese es euch einfach mal vor: „Rundschreiben an alle Städte und Dörfer in meinem Imperium: Ich, euer geliebter, göttlicher und gnädiger Herrscher und Kaiser von Rom, Augustus, ordne hiermit eine Volkszählung an. Ich will wissen, wer wo wohnt, wie viele Menschen in den Familien wohnen, welche Berufe und welches Einkommen die Menschen haben, damit wir überprüfen können, ob auch ordentlich Steuern erhoben werden. Für diese Volkszählung hat jeder Mann in die Heimatstadt seiner Vorfahren zu gehen. Genau am 24. Dezember ist die Volkszählung durchzuführen. Befehl eures Kaisers!" |
| Josef: | Oh, nein! |
| Maria: | Josef, was hast du denn? Dein Vater Jakob und dein Großvater Mattan waren doch schon Zimmermänner in Nazareth. Warum sollten das schlechte Nachrichten sein? |
| Josef: | Jakob und Mattan kamen zwar aus Nazareth, aber mein Vorfahr ist König David und der lebte ja in Bethlehem. Da werden wir also nächsten Monat hingehen müssen. |
| Maria: | Das geht doch nicht! Ich bin hochschwanger! Gibt es keine Ausnahmeregelungen? |
| Rafael: | Das tut mir leid! Das ist dem Kaiser in Rom ziemlich egal. Und mir sind leider die Hände gebunden. |
| Maria: | Aber die ganze Strecke halte ich doch nie durch! |

Rafael: Das hatte ich mir gleich gedacht, als ich das Rundschreiben gelesen habe. Deswegen habe ich gleich unterwegs noch mit Silas gesprochen.
Josef: Mit dem Eselszüchter?
Rafael: Ja, genau mit dem. Er wird gleich kommen.
*Es klopft an der Tür.*
Maria: Herein!
*Silas kommt herein.*
Silas: Hallo, Maria und Josef! Rafael hat mir gerade erzählt, was in Rom verkündet worden ist. Das tut mir leid für euch. Aber da ist mir etwas eingefallen: Ich habe einen etwas älteren Esel. Der kann noch ganz gut laufen und auch Gepäck schleppen. Nur verkaufen kann ich ihn nicht mehr. Den würde ich euch für ein paar Wochen gerne leihen.
Josef: Das ist supernett von dir. Danke! Ich denke, wir sollten dann auch packen und in spätestens einer Woche los.
*Alle ab.*

Rebecca: Dann hat mein Vater sozusagen geholfen, dass du gut auf die Welt kommen konntest? Das wusste ich gar nicht.
Maria: Ja, ohne Silas' Esel und ohne Rafaels Mitdenken wäre das bestimmt nicht so gut ausgegangen.
Josef: Aber es war trotzdem ziemlich anstrengend. Als wir am 24. Dezember abends in Bethlehem ankamen, waren wir völlig fertig – besonders Maria. Und der Esel war auch völlig kaputt. Wir konnten schon die Häuser von Bethlehem sehen. Da konnte er einfach nicht mehr. Wir haben ihn an einen Baum auf einer Weide vor Bethlehem gebunden, damit er sich dort ausruhen konnte. Die letzten Kilometer sind wir dann zu Fuß nach Bethlehem hineingegangen.
Maria: Ich war ziemlich kaputt und wir wussten nicht, wo wir schlafen konnten.
Deborah: Aber da haben meine Eltern euch ja geholfen.
Josef: Richtig, also das war so ...

## 4. Szene: Maria und Josef kommen in Bethlehem an

Maria: Jetzt mussten wir schon unseren Esel zurücklassen. Kannst du denn alles tragen, was der Esel bisher getragen hat?

Josef: Ja sicher, Maria! Mach dir mal keine Sorgen. Dort vorne ist ja schon Bethlehem und so viel haben wir auch nicht mit. In Bethlehem gibt es bestimmt ein Wirtshaus und da werden wir dann schlafen können.

*Die beiden kommen in Bethlehem an.*

Maria: Oh, ist das klein hier! Ich hätte mir Bethlehem größer vorgestellt.

Josef: Ob die wohl überhaupt ein Wirtshaus haben? Oh ja, sieh mal! Da steht sogar Hotel dran. Die scheinen hier ja doch hin und wieder Urlaubsgäste zu haben.

Maria: Lass uns da mal klopfen!

*Sie klopfen. Der Wirt Ruben kommt heraus.*

Ruben: Willkommen im schönen Bethlehem! Mein Name ist Ruben. Was kann ich für euch tun?

Josef: Wir sind Maria und Josef und kommen aus Nazareth. Wir sind wegen der Volkszählung hier. König David ist einer meiner Vorfahren. Meine Frau Maria ist schwanger und wir suchen dringend ein Zimmer.

Ruben: Da habt ihr aber einen weiten Weg hinter euch. Am besten ihr setzt euch erst einmal. Trinkt einen Schluck Wasser und esst etwas Brot, damit ihr wieder zu Kräften kommt! *(ruft ins Haus)* Noomi, bring bitte zwei Becher Wasser und etwas Brot! Wir haben Gäste!

Maria: Das ist aber nett! Ein Schluck Wasser wäre schön. Aber viel wichtiger ist, dass ich mich bald einmal hinlegen kann.

*Noomi bringt Wasser und Brot.*

Ruben: Da gibt es leider ein kleines Problem. Wir haben gerade eine Tagung hier in Bethlehem: „Ist der Sesterz noch zu retten? Die Auswirkung der Volkszählung auf die Welt-

| | |
|---|---|
| | wirtschaft und die Währungsstabilität" und die Teilnehmer wohnen leider alle hier im Haus. Ich habe kein Zimmer mehr frei. |
| Josef: | Gibt es denn noch irgendein anderes Gasthaus hier im Ort? |
| Noomi: | Nein, unser Haus ist das einzige. |
| Maria: | Was sollen wir denn nur machen? Ich kann einfach nicht mehr! Habt ihr nicht mal mehr ein kleines Zimmer frei? |
| Ruben: | Das tut mir wirklich sehr leid. Aber wir haben nichts! |
| Noomi: | Doch, ich habe noch eine Idee: Wir haben hinter dem Haus einen Stall. Er ist gerade sauber, weil alle Tiere auf der Weide sind. Wir könnten noch frisches Stroh dorthin bringen und bestimmt auch noch ein paar Tücher und eine Lampe. Dort könntet ihr bleiben. |
| Josef: | Maria, das ist besser als auf der Straße schlafen, oder? |
| Maria: | Ja, das reicht vollkommen. Vielen, vielen Dank! |

*Alle ab. Maria und Josef setzen sich in den Stall.*

| | |
|---|---|
| Jesus: | Ihr habt in einem Stall geschlafen? Das ist ja fast wie unter freiem Himmel. Das hört sich wie ein richtiges Abenteuer an. |
| Maria: | Na ja, so abenteuerlich war das nicht. Deborahs Eltern haben alles so schön und bequem wie möglich gemacht. Aber trotzdem war es kalt und zugig und es roch schon noch nach Tieren. |
| Josef: | Aber insgesamt waren wir einfach froh, dass wir ein Dach über dem Kopf hatten. Denn am Abend gingen die Wehen auch schon los. |
| Maria: | Und in der Nacht habe ich dich dann geboren. Gut, dass wir Windeln mithatten! Wir konnten dich dort hineinwickeln. Aber natürlich hatten wir kein Bett. Da hat Josef dann die Futterkrippe genommen, etwas Stroh reingepackt und ein Schaffell drübergelegt, damit du liegen konntest. |

*Der Stern geht an.*
Josef: Und wir waren richtig glücklich, obwohl es ziemlich kalt im Stall war.
Maria: Nach der langen Wanderung waren wir richtig müde, eigentlich wollten wir dich nur noch einmal in den Arm nehmen und dann schlafen. Aber es war plötzlich so hell draußen.
Simon: Das haben mir meine Eltern auch erzählt – dass sie an dem Abend nicht schlafen konnten, weil ein heller Stern am Himmel aufgegangen war. Meine Eltern Judith und Aaron waren mit ihrer Schafherde ganz in der Nähe von Bethlehem und wollten eigentlich auch schlafen, doch sie wurden gestört.

**5. Szene: Gabriel bei den Hirten**
*Judith und Aaron sitzen am Lagerfeuer.*
Judith: Oh Aaron, heute sind wir mit unseren Schafen echt sehr weit gelaufen! Ich könnte jetzt hier am Lagerfeuer einschlafen!
Aaron: Ja, ich bin auch müde! Aber ich kann nicht schlafen. Da drüben ist Bethlehem und über Bethlehem scheint ein ganz heller Stern, den ich noch nie gesehen habe.
Judith: Stimmt, der ist mir auch aufgefallen! Ich dachte erst, wir hätten Vollmond. Aber das war ja erst letzte Woche. Was mag das nur bedeuten?
Aaron: Wir sollten trotzdem versuchen zu schlafen.
*Beide legen sich hin. Gabriel kommt dazu und weckt die beiden wieder.*
Gabriel: Judith, Aaron, aufwachen! Habt keine Angst!
Aaron: Wer bist du – willst du unsere Schafe stehlen? Willst du unser Geld? Wir haben keins!
Gabriel: Nein, keine Sorge! Ich will euch nichts wegnehmen. Ich will euch etwas bringen – nämlich eine gute Nachricht von Gott. Ich habe mich noch gar nicht vorgestellt: Ich bin Gabriel, ein Engel, ein Bote Gottes. Ihr habt bestimmt

|           | den hellen Stern über Bethlehem gesehen. Den hat Gott an den Himmel gesetzt. |
|-----------|---|
| Judith:   | Warum das denn? |
| Gabriel:  | Der Stern soll zeigen, dass in Bethlehem heute Gottes Sohn zur Welt gekommen ist: Jesus! Er ist der Retter der Menschen, der Messias, auf den schon alle lange gewartet haben. Er bringt Gottes Frieden zu allen Menschen. |
| Judith:   | Der Messias ist da! Können wir ihn sehen? |
| Gabriel:  | Ja, das könnt ihr! Jesus und seine Eltern Maria und Josef sind in Bethlehem in einem Stall beim einzigen Hotel in Bethlehem. Ihr werdet Jesus in Windeln in einer Futterkrippe finden. |
| Aaron:    | Wir machen uns gleich auf den Weg. Danke, Gabriel! Aber was passiert denn mit den Schafen? |
| Gabriel:  | Keine Sorge! In dieser heiligen Nacht wird euren Schafen nichts passieren. Alles Gute für euch! |
| Judith:   | Vielen Dank! |

*Gabriel ab. Judith und Aaron gehen nach Bethlehem.*

| Aaron: | Sieh mal, Judith! Dort ist das Hotel. Am besten fragen wir da noch einmal nach. |
|---|---|

*Sie klopfen an. Ruben kommt etwas verschlafen vor die Tür und gähnt.*

| Ruben: | Willkommen im schönen Bethlehem! Was kann ich für euch tun? – Huch, was ist es so hell hier draußen? |
|---|---|
| Aaron: | Entschuldige, dass wir dich so spät in der Nacht stören! Aber wir sind wegen des Sterns hier. |
| Judith: | Also eigentlich hat uns ja ein Engel hergeschickt. Wir haben gerade unsere Schafe vor den Toren Bethlehems gehütet, da ist Gabriel erschienen und hat gesagt, dass hier in Bethlehem in einem Stall der Sohn Gottes geboren worden ist. Und den möchten wir jetzt gerne sehen. |
| Ruben: | Was – das Kind ist schon da?! *(ruft)* Noomi, komm schnell! Das Baby in unserem Stall ist schon da. Wir wollen auch hingehen und es ansehen. |

*Alle vier gehen zum Stall und sehen sich Jesus an.*

## 6. Szene: Die drei Weisen aus dem Morgenland

Simon: So waren meine Eltern also als Erste bei dir im Stall.
Deborah: Und meine Eltern auch.
Rebecca: Das muss ja schon seltsam ausgesehen haben: zwei Hirten und zwei Wirtsleute und dann du, Jesus, in der Krippe und dann noch Maria und Josef dabei – und alle in einem Stall. – Wo sind Maria und Josef überhaupt?
Jesus: Die sind in der Küche und wollen noch etwas zum Abendbrot machen.
Felix: Kamen denn noch mehr Leute in den Stall?
Jesus: Ich kann mich selbst natürlich nicht mehr erinnern. Aber meine Eltern haben erzählt, dass noch drei Männer dazugekommen sind.
Felix: Was für Männer denn?
*Es klingelt an der Tür. Jesus macht auf.*
Jesus: Wer bist du denn?
Ava: Ich bin Ava. Meine Eltern haben mich zu dir geschickt. Sie sagten, dass du heute deinen zehnten Geburtstag feierst und dass du dich bestimmt freuen würdest, wenn ich dabei bin.
Jesus: Aber wer sind denn deine Eltern?
Ava: Mein Vater heißt Caspar. Er arbeitet an der Universität im Morgenland in der Fakultät für Sternenforschung. Ich habe dir übrigens auch Geschenke mitgebracht: Gold, Weihrauch und Myrrhe.
Jesus: Gold, Weihrauch und Myrrhe. Das sind aber komische Geschenke.
Ava: Meine Eltern sagten: Das sind Geschenke für wahre Könige. Ich erzähle einfach mal, was mir mein Vater erzählt hat.

*Caspar, Balthasar und Melchior stehen zusammen. Caspar guckt durch ein Fernglas.*

| | |
|---|---|
| Caspar: | Hallo Balthasar, hallo Melchior! Gut, dass ihr so schnell kommen konntet. Seht mal, was ich heute entdeckt habe! Ein neuer Stern ist im Westen aufgegangen. |
| Balthasar: | So einen hellen Stern habe ich noch nie gesehen. |
| Melchior: | Ich sehe einmal in meinem Sternenkundebuch nach: Planeten ... Sonne ... Sterne ... dunkle Sterne ... helle Sterne ... besonders helle Sterne ... im Norden ... im Westen ... im Herbst ... im Winter – da: Ein besonders heller Stern im Westen im Winter bedeutet: Gott hat einen neuen König auf die Erde geschickt, einen Retter der Menschheit. |
| Caspar: | Wir sollten ihn besuchen ... |
| Balthasar: | ... und ihm wahrhaft königliche Geschenke mitbringen. Wie wäre es mit Gold, Weihrauch und Myrrhe? |
| Melchior: | Am besten fragen wir als Erstes beim jetzigen König von Jerusalem nach! Wie heißt er noch? War es nicht sogar eine Königin? Frau Rode oder so? |
| Caspar: | Nicht Frau Rode, König Herodes heißt er! Dorthin wollen wir erst einmal. |
| Ava: | Meine Eltern sind also erst einmal zu König Herodes gegangen. Der war gar nicht begeistert, als er hörte, dass es einen neuen König gibt. Deshalb sind mein Vater und seine Kollegen ganz schnell weitergelaufen und bald kamen sie auch nach Bethlehem. |
| Balthasar: | Natürlich führt uns der Stern nach Bethlehem. Darauf hätten wir auch selbst kommen können! Es ist die alte Davidsstadt. |
| Caspar: | Dort hinten ist ein alter Stall mit ganz vielen Menschen. Vielleicht werden wir dort den neuen König finden. |
| Melchior: | Ja, lass uns hingehen! |
| Ava: | So kamen also Caspar, Balthasar und Melchior zum Stall. Sie brachten damals die gleichen Geschenke mit wie ich heute. |

Felix: Das hätte ich niemals gedacht, dass du eigentlich ein König bist, Jesus.
Rebecca: Diese Geschichte kannte ich auch noch nicht. Wow! Toll, dass du unser Freund bist!
Simon: Meine Eltern erzählen mir die Geschichte ganz oft abends, wenn wir mit den Schafen am Lagerfeuer sitzen.
Deborah: Und meine Eltern haben ihr Hotel danach umbenannt. Es heißt jetzt „Zum Königsstall". Aber dir noch einmal: Herzlichen Glückwunsch!
Alle Kinder: Herzlichen Glückwunsch!
Jesus: Vielen Dank! Ich freue mich, dass ihr alle da seid und mit mir feiert. Und da heute mein Geburtstag ist, wünsche ich euch frohe Weihnachten!

Alle: Frohe Weihnachten!

## Predigt

Liebe Gemeinde,
was gibt es Schöneres für Kinder als Kindergeburtstage! Was gibt es Schöneres für Eltern, wenn sie die Kindergeburtstage überstanden haben!

Ob Jesus tatsächlich seinen zehnten Geburtstag gefeiert hat? Wahrscheinlich nicht. Geburtstage wurden früher wohl nicht so viel gefeiert, die religiösen Feste wie z.B. Passah oder das Laubhüttenfest waren damals wichtiger.

Am heutigen Heiligabend fallen bei uns beide Feste zusammen: Es ist für uns ein religiöses Fest, eben: Weihnachten, aber dieses Fest ist gleichzeitig ein Geburtstagsfest. Ungefähr Jesu 2018*ter Geburtstag (wahrscheinlich sogar etwas mehr).

Unsere Geburtstage wird man voraussichtlich in zweitausend Jahren nicht mehr feiern – aber Jesu Geburtstag wohl schon. Doch warum eigentlich? „Kinder werden doch ständig geboren, was war bei Jesus denn so besonders?", so fragt Rebecca in unserem Krippenspiel. Was ist so wichtig an Jesus, dass wir heute noch seinen Geburtstag feiern?

Wenn ein Kind geboren wird, ist es immer etwas Wunderbares. Natürlich können wir biologisch ein wenig erklären, wie Kinder entstehen – aber dennoch ist es eben nicht nur ein biologischer Prozess, sondern es entsteht ein eigener Mensch, mit einem eigenen Charakter, mit einem eigenen Leben – eben etwas Einmaliges, Besonderes, Wunderbares – ein Gottesgeschenk. Und genau deshalb ist es auch richtig, wenn wir heutzutage Kindergeburtstage oder auch Erwachsenengeburtstage feiern: aus Freude und aus Dankbarkeit, dass Gott ein Wunder vollbracht hat – das Wunder eines neuen Lebens.

Doch bei Jesus ist das Wunder noch ein viel größeres. Er ist ein richtiger, normaler Mensch wie wir alle, der eine Mutter und wohl

---

\* Die Namen und Jahreszahl sind dem jeweiligen Ort und dem Jahr des Krippenspiels anzupassen.

auch einen Vater hatte. Aber er ist eben auch noch viel mehr: Er ist gleichzeitig Gottes Sohn. Das ist ein noch viel größeres Wunder als das Wunder der Entstehung eines normalen Menschen: Gott wird ein Mensch, der schreit, der in die Windeln macht, der laufen und sprechen lernt, der später einen Beruf ausübt und der schließlich sogar sterben wird.

Gott bleibt nicht fern im Himmel, sondern er nimmt genau das auf sich, was wir Menschen auch erleben müssen – er wird Mensch ohne Wenn und Aber. Er begibt sich mitten zwischen uns Menschen und das heißt ja auch: Er will bei uns sein, er will nicht der unnahbare Gott sein, sondern er ist Gott, der für die Menschen ansprechbar ist, der begreifbar ist – der, zumindest vor zweitausend Jahren – sogar wirklich anzufassen ist.

Gott kommt zu den Menschen und bringt damit eine Botschaft mit. Er sagt damit zu uns: „Ihr Menschen, du und du und du, jede und jeder Einzelne. Ihr seid mir unendlich wichtig. So wichtig, dass ich sogar das Menschsein mit allem Drum und Dran auf mich nehme. Ich komme zu euch, weil ich euch unendlich liebe und ich nicht will, dass euch und mich je irgendetwas trennen kann. Nichts kann uns trennen – auch nicht das, was ihr im Leben falsch macht. Nichts soll zwischen uns stehen. Ihr gehört zu mir und ich zu euch."

Das ist die Botschaft von Weihnachten, die Botschaft, die mit dem kleinen Baby vor mehr als zweitausend Jahren in die Welt gekommen ist: „Gott kommt zu uns. Gott schenkt uns seine Liebe und seinen Frieden."

Zum Geburtstag bekommt man also Geschenke – nur in diesem Fall ist es anders herum. Nicht das Geburtstagskind, nicht Jesus oder Gott bekommen Geschenke, sondern wir bekommen von Gott welche.

Und solche Geburtstage können wir doch wirklich jedes Jahr wieder feiern – und auch noch nach zweitausend Jahren.

Amen.

# neukirchener verlag

Leben aus dem Einen!

**LChoice App kostenlos laden,** dann Code scannen und ganz einfach beim Buchhändler Ihrer Wahl bestellen

## Für alle, die eine alternative Gottesdienstform suchen

Alle Generationen gemeinsam anzusprechen, sodass jeder Gottesdienstbesucher etwas für sich entdecken und mitnehmen kann – das gelingt mit diesen erprobten Gottesdienstentwürfen ganz sicher. Denn alle arbeiten mit einer etwas vereinfachten Liturgie und Anspielen, die in das Gottesdienstthema einführen. Mit einer Planungshilfe für die einfache Gestaltung eigener Gottesdienste, zu Themen wie Schöpfung, Pfingsten, Warten und vielen mehr.

Anke Bertholdt / Britta Messinger
**Anspielgottesdienste für Jung und Alt**
20 komplette Entwürfe
kartoniert, 284 Seiten, ISBN 978-3-7615-6466-0

**www.neukirchener-verlage.de**